초교파
이단 예방과 상담교재

Fact와 Bible 중심의

# 이단세미나

사랑하는 자들아 내가 우리의 일반으로
얻은 구원을 들어 너희에게 편지하려는 뜻이
간절하던 차에 성도에게 단번에 주신 믿음의
도를 위하여 힘써 싸우라.  (유1:3)

" 내 형제들아 너희 중에 미혹하여 진리를 떠난 자를

누가 돌아서게 하면, 너희가 알 것은 죄인을 미혹한 길에서

돌아서게 하는 자가 그 영혼을 사망에서 구원하며

허다한 죄를 덮을 것이니라" (약 5:19,20)

복음의 군병된 _____님께 이 교재를 드립니다.

# 서 문

주님께서 제자들의 질문, "주의 임하심과 세상 끝에는 무슨 징조가 있사오리이까?"라는 질문에 "많은 사람이 내 이름으로 와서 ... 많은 사람을 미혹케 하리라"(마24:3-5) 고 대답하셨다. 마지막 때는 많은 거짓 그리스도들이 등장하며, 많은 사람들이 미혹된다는 것이다. 심지어 "택하신 자들도 미혹하리라"(마24:24)고 하심으로서, 거듭난 성도들, 곧 하나님의 자녀들까지도 거짓선지자들에게 미혹되는 일들이 있음을 미리 경고하셨다. 바로 지금 우리는 한국교회 안에서 그것을 목도 하고 있다. 주님께서 말씀하신 마태복음 24장의 상황이 지금 한국 교회안에서 우리 눈 앞에 펼쳐지고 있다. 한국교회 역사상 이렇게 많고 다양한 이단들이 공개적으로 활동하며, 수 많은 사람들을 미혹케 한 적은 없었다. 대한민국은 인구와 국토 대비 세계 최고의 이단 보유국이다. 지금은 한국교회 안의 이단들이 국내는 물론 해외로 진출하여 전 세계를 위협하는 상황에 직면하고 말았다.

『한국기독교이단상담소협회』에 의하면 한국교회 안에서 지금까지 자기 자신을 "하나님" "메시야" "재림예수" "보혜사" 등으로 주장하며 자신을 신격화 하는 교주들이 200여 명이라고 보고하고 있으며, 그 가운데 추종자들이 2,000여 명 이상 되는 교주들도 40여 명 이상이다. 또한 한국에서 이단에 속하여 신앙생활을 하는 사람들은 200만 명 이상이라는 통계를 보고하고 있다. 한국에는 여러 종류의 이단들이 있는데, 한국교회 안에서 스스로 자생(自生)한 토종 이단들이 있고, 외국에서 물 건너 들어온 이단들도 있으며, 또 외국에서 들어와서는 한국식으로 옷(교리)을 갈아입은 이단들도 있다

지금 한국교회는 무엇을 어떻게 해야 하는가? 저 수 많은 이단들! 어떻게 대처해야 하는가? 저들은 연일 저들의 검(거짓된 교리)으로 무고한 영혼들을 사냥하고 있다. 심지어 교회 안에까지 들어와(추수꾼) 하나님의 백성들을 미혹하고 주님의 몸된 교회를 파괴하고 있다. 한국교회는 지금 이단들로 인하여 몸살을 앓고 있다. 이런 상황속에서 한국교회는 무엇을 어떻게 해야 하는 것인가? 지피지기 백전백승(知彼知己 百戰百勝)이다. "적을 알고 나를 알면 백번 싸워 백번 이긴다." 지금도 늦지 않았다. 적(이단교리)을 분명히 알고, 말씀(복음)을 정확히 알면 백전백승이다. 하나님의 말씀으로 거짓된 교리를 박살내야 한다. 저들에게 미혹된 영혼들을 해방시켜야 한다. 어찌 진검과 모조 검이, 진폐와 위폐가 명품과 짝퉁이 그 자웅(雌雄)을 겨룰 수가 있단 말인가? 이 싸움은 복음의 승리만 있을 뿐이다.

이 교재는 목회자들과 사역자들, 평신도 리더들이 교회 안에서 또는 각종 성경공부 모임에서 성도들에게 이단들을 예방하고 상담할 수 있도록 제작되었다. 이단들이 도대체 어떤 무기(교리)로 성도들을 미혹하고 있는지? 저들이 주님의 양 떼들에게 휘두르고 있는 무기(이단 교리)는 도대체 무엇인지?. 그리고 그들의 잘못된 주장에 대한 정통교리의 해석과 그 반증(反證)은 무엇인지를 논하였다. 이 교재 『fact와 Bible 중심의 이단세미나』를 제1과부터 학습하고 차례대로 가르친다면, 성도들의 이단 예방은 물론, 주변에 미혹되고 있는 영혼들을 주님의 품으로 다시 데려올 수 있게 될 것이다. 이 교재는 이와 같은 목적으로 제작되었으며, 이와 같은 사실(예방과 상담효과)은 여러 차례 검증되었다.

제1과는 성경에 관한 논의이다. 이단들은 한결같이 "성경권위" "성경해석의 원리" "성경의 주인공" 등을 인정하지 않는다. 이들은 신비적인 직통계시나 개인적인 경험을 토대로 성경을 자의적으로 해석하며, 결국 다른 복음, 다른 예수, 다른 구원을 증거한다. 그러면 우리에게 과연 성경은 무엇인가? 가장 중요한 논의를 다루었다. 제2과는 성경적인 이단의 정의를 논하였다. 제3과는 이단 대처를 위한 한국교회의 의식변화 필요성을 논하였으며, 제4과는 교회의 사명은 복음 증거와 함께 철저한 이단 경계 사역임을 주님과 사도들의 가르침을 통하여 논하였다. 제5과는 이단의 원조(뿌리)에 대하여, 제6과는 한국교회의 이단의 계보(족보)에 관하여, 제7과는 모든 교회들이 확실히 알고 있어야 하는 이단 공통교리 10가지를 논하고 성경으로 반증하였다. 제8과는 "성령 훼방죄란" 거듭난 성도들의 죄가 아닌, 바로 이단들의 죄임을 논하였고, 제9과는 천하만물의 유일한 예배의 대상은 오직 하나님 한 분뿐임을 논하였다. 마지막 부록으로 2016년까지의 각 주요 교단들의 이단 및 사이비 결의 사항을 옮겨 놓았다.

부디 이 작은 교재가 모든 목회자들과 교회 리더들, 평신도 사역자들의 손에 쥐어져 주님께서 맡겨주신 양떼들을 이단의 세력으로부터 보호하고, 주변에 행여 미혹된 영혼들이 있다면 그들을 말씀으로 잘 상담하여 주님의 품으로 다시 데려올 수 있는 작은 도구로 쓰임 받기를 주님의 이름으로 간절히 소망한다.

에스더선교회

오대환 목사

# 목차

## 제5과   이단의 원조

## 제6과   이단의 계보(한국교회)

## 제7과   이단의 공통교리 (10가지)

## 제8과  성령훼방죄란

## 제9과  유일한 예배의 대상, 창조주 하나님

## 부록 (Appendix)

# 제1과 개혁주의 성경관

1. 성경의 저자

2. 성경해석의 원리

3. 성경 기록의 목적

4. 성경의 주인공

5. 구원론

# 1. 성경의 저자

　　모든 성경은 그 원저자(原著者)가 하나님이시다(딤후3:16,17; 벧후1:20,21). 성경은 성령의 감동하심을 입은 사람들이 하나님께 받아 말한 것이므로, 성경을 기록한 사람들은 단지 기록자, 대필자(代筆者)요, 성경의 원저자(原著者)는 하나님이시다. (cf. 출17:14, 24:4, 24:12, 34:27 )

▶ **1) 출17:14절** " 여호와께서 모세에게 이르시되 이것을 (　　　　　), 기념하게 하고 여호수아의 귀에 외워 들리라 내가 아말렉을 도말하여 천하에서 기억함이 없게 하리라."

▶ **2) 출34:27절** " 여호와께서 모세에게 이르시되 너는 이 말들을 (　　　　), 내가 이 말들의 뜻대로 너와 이스라엘과 언약을 세웠음이니라 하시니라."

　　이와 같이 하나님께서 친히 '모세'에게, '선지자들'에게, '사도들'에게 성경을 기록하게 하셨다. 그러므로 '모세', '선지자들', '사도들'은 성경의 기록자 대필자요, 성경을 기록하게 하신 성경의 원저자(原著者)는 하나님이시다. 하나님께서 친히 성경 기록자들에게 성령으로 감동케 하시어 성경을 기록하게 하셨다.

▶ **3) 딤후 3:16,17절** " 모든 성경은 (　　　　　　)으로 된 것으로 교훈과 책망과 바르게 함과 의로 교육하기에 유익하니 / 17) 이는 하나님의 사람으로 온전케 하며 모든 선한 일을 행하기에 온전케 하려 함이니라. "

▶ **4) 벧후 1:20, 21절** " 먼저 알 것은 경의 모든 예언은 사사로이 풀 것이 아니니, / 21) 예언은 언제든지 **사람의 뜻으로 낸 것이 아니요**, 오직 (　　　　　　) 입은 사람들이 하나님께 받아 말한 것 임이니라. "

▶ **5) 갈 1:12절** " 이는 내가 사람에게서 받은 것도 아니요 배운 것도 아니요 **오직 예수 그리스도의** (　　　　　　) 로 말미암은 것이라. "

 **원어의 의미**

　　성경을 기록함에 있어서 **"하나님의 감동"** 과 **"성령의 감동"**을 같은 의미로 사용하고 있음을 알 수 있다. '하나님의 감동' (2315, θεόπνευστος 데오프뉴스토스)은 '하나님의 호흡을 받은', '하나님의 영감을 받은'의미이며, '성령의 감동'(5342, φέρω 페로)은 '성령께 이끌림을 받은'의 의미이다. 바울은 갈1:12절, **"예수 그리스도의 계시"** (αςποκάλυψις 602, 아포칼립시스) 로 복음 증거함을 밝히고 있다. 이는 성경 기록의 주체가 삼위일체 하나님 이심을 밝히고 있는 것이다.

# 2. 성경해석의 원리

성경의 저자(著者)는 하나님이시며, 성경은 그 내용에 "성경의 기록 목적"(目的)과 "성경의 주인공", 타락한 인류를 구원하시기 위한 "구원의 방법"을 분명히 밝히고 있는 책이다. 그러므로 성경을 논함에 있어서 그 내용에 맞게, 목적에 맞게 해석해야한다. 성경을 자의적(恣意的)으로 함부로 해석해서는 안 된다. 만일 누군가 성경을 자의적으로 해석하여, '성경의 기록목적', '성경의 주인공', '인류의 구원 방법'등의 성경의 중요한 내용들을 어떤 "다른 것"으로 변질시킨다면, 이는 인류를 향한 하나님의 뜻과 계획을 방해하는 것이요, 하나님을 대적하는 행위이다. 그러므로 성경은 이와 같은 행위를 엄격히 금지하기 위하여 성경 자체적으로 "성경 해석의 원리"를 기록하고 있다.

## 1) 가감하지 말라 (신 4:2, 12 : 32, 잠 30 : 5,6, 계 22: 18,19)

▶ 1) 신 4:2절 **내가 너희에게 명하는 말을** 너희는 (            ) 말고 내가 너희에게 명하는 너희 하나님 여호와의 명령을 지키라

▶ 2) 신 12:32절 **내가 너희에게 명하는 이 모든 말을** 너희는 지켜 행하고 그것에 (          ) 말지니라

▶ 3) 잠 30:6절 너는 **그 말씀에** (          ) 말라, 그가 너를 책망하시겠고 너는 (          )가 될까 두려우니라

▶ 4) 계 22:18절 내가 이 책의 예언의 말씀을 듣는 각인에게 증거하노니 만일 누구든지 **이것들 외에** (              ), 하나님이 이 책에 기록된 재앙들을 그에게 더하실 터이요

▶ 5) 계 22:19절 만일 누구든지 **이 책의 예언의 말씀**에서 (          ), 하나님이 이 책에 기록된 생명나무와 및 거룩한 성에 참여함을 제하여 버리시리라

 **원어의 의미**

히브리어 **가** : (יֹסֵף 야사프, 3254) 더하다, 증가하다. / **감** : (גָּרַע 가라,1639) 감소하다,

# Tip. 질문 & 본문의 바른의미

**Q1〉 그러면, 성경 말씀에 가감(加減), "더하거나 빼지 말라"는 의미는 무엇인가?**

성경은 성령의 감동으로 주신 말씀으로서 "계시의 충족성", "계시의 완결성"을 가지고 있음을 의미한다. 즉 선지자들과 사도들에게 주신 성경 66권, 창세기로부터 요한계시록까지의 말씀 외에는 하나님의 말씀으로서 "다른 계시는 없다"라는 의미이다. 이것이 "성경 말씀에 가감하지 말라"는 의미이다. 그러므로 개혁주의 성경관은 "신 구약 성경은 하나님의 말씀이며, 신앙과 행위의 유일한 법칙이다" 라고 성경의 권위를 명백히 밝히고 있다. ( 웨스트 민스터 대요리문답 3번 )

**Q2〉 그럼, 어떤 직통 계시자 들이나, 이단 교주들이 받았다고 주장하는 것들(환상, 꿈, 계시, 말씀 등)을, 하나님의 말씀인 "성경"과 동일시 할 수 있는가?**

성경은 계시의 "충족성"과 "완전성"을 갖는다. 그러므로 누군가 성경이 불완전하다든지, 성경 외에 "다른 계시"를 주장한다면 그것은 성령의 역사가 아니 악령(사단)의 역사이다. 왜냐하면, 성경은 성령의 감동하심으로 기록되었기 때문이며, 성령께서 친히 그 내용에 더하거나 빼지 말라고 경고하셨기 때문이다. 따라서, 이단 교주들이나 직통계시자들이 주장하는 성경외의 다른 계시나, 다른 교리들의 주장은 성령의 역사가 아닌 악령(사단)의 역사이다. 이러한 그들의 주장은 하나님의 말씀을 정면으로 대적하는 비성경적, 반성경적인 주장이다.

**Q3〉 성경에서 "거짓 선지자"란 누구인가?** (잠30:6)

선지자 נביא (나비, 5030)란? 하나님의 말씀을 받아 전하는 대언자들을 말한다. 반면 거짓 선지자란? 하나님의 말씀이 아닌 것을 하나님의 이름으로 자의적(恣意的)으로 전하는 자들이다(잠30:6). 이 거짓 선지자들에 의하여 하나님의 말씀이 왜곡 되어 전달되고, "성경의 목적", "성경의 주인공"이 변질되어 수많은 영혼들이 진리에서 벗어나 파멸에 이르게 된다. 이들은 자신들은 물론 들어가고자 하는 자도 들어가지 못하도록 천국의 문을 가로 막는 자들이며 (마23:13), 그 결과 이들은 결국 지옥 불에 던져지는 형벌을 받게 된다(계19:20 ; 20:10 ).

**Q4〉 그러면, 성령의 역사와 악령의 역사의 차이는 ?**

오늘날에도 여전히 신실한 주의 종들과 성도들에게 성령께서 역사하신다. 때로는 병을 치유하시고, 신비한 것을 체험케 하시고 여러 기적과 이적을 행하시고 성령의 세미한 음성을 듣게 하신다 (막16:20). 거짓 선지자들에게 역사하는 영들은 사람들을 미혹(迷惑)하기 위하여 역사한다. 성령의 역사는 복음을 위하여, 영혼 구원을 위하여, 주님의 영광을 위하여 역사하신다. 악한 영의 역사는 복음을 가감하여 대적하고, 변질시키고, 영혼들을 파멸시키며, 주님의 영광을 자신의 것으로 만들도록 역사한다. 성령의 역사는 복음을 증거하고, 악령의 역사는 복음을 방해한다.

## 2) 기록한 말씀 밖으로 넘어가지 말라 (고전4:6)

성경은 "성령의 감동"에 의하여 기록된 말씀이다(벧후1:21, 딤후3:16,17). 사도 바울은 자신의 가르침이 "예수 그리스도의 계시"로 말미암았음을 그의 서신 갈라디아서에서 분명히 밝히고 있다(갈1:11,12). 즉 성경은 "하나님의 감동","성령의 감동", "예수그리스도의 계시"로 인하여 주신 말씀이다. 그러므로 누군가가 하나님의 말씀이나, 진리(眞理)를 증거한다고 할 때에는 기록된 성경안에서 증거하여야 한다. 왜냐하면, 성경만이 "성령의 감동"으로, "예수 그리스도의 계시"로 기록된 말씀이기 때문이다. 성령으로, 예수그리스도의 계시로 기록된 말씀, 성경만이 하나님의 말씀으로서의 신적 권위를 갖는다. 그러므로 "기록한 말씀밖으로 넘어가서" 진리를 논하는 것은 하나님의 말씀을 가감(加減)하는 것과 같은 동일한 죄를 짓는 것이며, 성경은 이것을 금(禁)하고 있다.

▶ **고전 4:6절** 형제들아 내가 너희를 위하여 이 일에 나와 아볼로를 가지고 본을 보였으니 이는 너희로 하여금 **기록한 말씀 밖에 (                )말라** 한 것을 우리에게서 배워 서로 대적 하여 교만한 마음을 먹지 말게 하려 함이라

 **원어의 의미**

고전 4:6절의 "기록한 말씀 밖에 넘어가지"( ὑπέρ 휘페르, 5228)는 전치사로서 "~넘어서,"~보다 더", "~이상" 어떤 것을 초월하는 상태와 동작을 의미한다.

☞ 개혁주의 신학의 원리(原理), 오직성경! (only Bible)

1) 하나님 중심, 성경 중심

2) 오직 성경, 오직 믿음, 오직 은혜!

3) 성경, 성경으로 돌아가자!

4) 성경 안에서 성경을 해석하라!

## 3) 사사로이 풀지 말라 (벧후1:20)

　　사도 베드로는 다음과 같이 경고한다. 성경의 모든 말씀은 "하나님의 감동", "성령의 감동"으로 씌여진 책이기에, 아무나 '사사로이 풀지 말 것'을 경고하고 있다. 즉, 성경을 하나님의 뜻과 목적이 아닌, 자기 자신의 "개인적인 목적"이나 "이익", "돈 벌이", "명예"등 여러 가지 유익을 얻기 위하여 오용(誤用)하지 말라는 것이다. 성경의 본문, 의도와는 전혀 상관없이 개인의 목적을 달성하기 위하여 자의적으로 성경을 해석하지 말라는 의미이다. 이단들은 자기 자신의 목적(이익, 재물, 명예 등)을 성취하기 위하여, 또는 자기 자신이 뭇 사람들에게 추앙받는 재림주(再臨主)가 되기 위하여 성경을 사사로이 푸는 자들이다.

> ▶ **벧후 1:20, 21절** " 먼저 알 것은 **경의 모든 예언은** (　　　　　)풀 것이 아니니 / 21) 예언은 언제든지 사람의 뜻으로 낸 것이 아니요 **오직 성령의 감동하심을 입은** 사람들이 **하나님께 받아 말한 것임이니라.** "

### 원어의 의미

　　'경'의 모든 예언 ( γραφη 그라페,1124), "성경말씀 전체"를 의미함

　　사사로이 ( ἴδιος 이디오스, 2398), "개인적으로", "자기 자신의 것으로", "개별적으로",

## 4) 억지로 풀지 말라 (벧후 3:16-18)

　　성경에 더러는 알기 어려운 부분, 쉽게 이해하기어려운 난해(難解)한 부분들이 있는 것이 사실이다. 그러나 그럴 경우에도 자신의 생각대로 왜곡하여 성경을 억지로 해석해서는 안 되며, 만일 이해하기 어려운 부분이 있다면, 성경 안에서 그것과 관련된 다른 성경구절들을 찾아서 해석해야 한다. 또한 본문의 앞 뒤의 문맥(文脈)에 맞게 해석해야 한다.

> ▶ **벧후 3:16절** " 또 그 모든 편지에도 이런 일에 관하여 말하였으되 그 중에 알기 어려운 것이 더러 있으니 **무식한 자들과 굳세지 못한 자들이 다른 성경과 같이 그것도** (　　　　) 풀다가 스스로 멸망에 이르느니라"

### 원어의 의미

　　억지로 ( στρεβλόω 스트레블로오, 4761), 왜곡하다, 뒤틀다, 꼬다, "비유적으로 왜곡, 곡해"하다.

# 5) 성경 안에서 성경을 해석하라

**성경의 난제(難題)들의 해결방법** : 인간의 끝없는 지적탐구의 본성은 왜(Why)?를 묻는다. 이것은 하나님의 말씀인 성경을 읽을 때에도 마찬가지이다. 성경은 성령의 감동으로 쓰여진 것으로, 성령의 인도하심을 따를 때 비로서 바른 해석을 할 수 있음에도 불구하고, 단순한 인간의 지적 호기심과 논리적 사고, 이성(理性)으로 사사로이, 혹은 억지로 잘못 해석하여 성경의 진리에서 벗어나 왜곡되는 경우가 많다. 이러한 오류를 방지하기 위하여 개혁주의 신앙고백서인 웨스트민스터 신앙고백서는 성경의 난제들에 대한 바른 성경해석의 원리를 다음과 같이 밝히고 있다. 그 요지는 "성경 안에서 성경을 해석하라"는 것이며, 진리의 기준은 오직 신구약 성경이라는 가르침이다.

☞ **웨스트민스터 신앙고백서 (*Westminster Confession*)**

" 성경 해석상 오류를 범하지 않는 방법은 성경으로 성경을 해석하는 것이다. 그러므로 어떤 성경 구절의 참되고 온전한 뜻(여럿이 아니고 하나뿐임)을 찾는 데 있어서 어려움이 있으면 그 뜻을 더 명백히 나타내는 다른 성구로써 밝혀야 한다. 모든 종교적 논쟁이나 모든 회의의 결론이나 옛날 성경 해석자들의 의견이나 사람들의 교훈이나 영들을 검토하여 시험하는 데 있어서, 최고의 심판자는 성경으로 말씀하시는 성령이시다. 그의 판결에는 누구든지 순종해야 한다." 〈 웨스트민스터 신앙고백 제1장 9,10항 〉

### ▶ 성경을 성경으로 해석하는 예로서

**Q1. 창3:15절, 아담과 하와에게 약속하셨던 "여자의 후손"은 누구입니까?**

A. **사7:14절**. "보라 처녀가 잉태하여 아들을 낳으리니" / **마1:18-23절**, "동거하기 전에 성령으로 잉태"

**Q2. 창4:4-5절, 왜 아벨의 제사는 받으시고, 가인의 제사는 받지 않으셨습니까?**

A. **히11:4절**, 아벨은 "믿음으로 제사를 드렸다"고 기록하고 있다.

**Q3. 창22:18절, 아브라함에게 "네 씨로 인하여 천하만민이 복을 얻으리라"의 "네 씨"가 누구입니까?**

A. **갈3:16절**, 오직 하나를 가리켜 네 자손이라 하셨으니 곧 "그리스도라"

**Q4. 신18:15절, 모세가 "나와 같은 선지자"를 보내신다 했을 때의 '나와 같은 선지자'가 누구입니까?**

A. **행7:37,52절**, "나와 같은 선지자를 세우리라" 모세라 / " 그 의인을 잡아 준 자, 살인한 자" 이다. (요1:21,25)

이와 같이 성경은 성경으로 해석해야 한다. 그럴 때 비로서 오류가 없는 정확한 해석이 되는 것이며, 이와 같은 성경해석은 진리에서 벗어나지 않고, 오히려 진리를 밝히 드러내는 바른 성경해석이 되는 것이다. 그러므로 그리스도인들이 바르고 건강한 신앙생활을 하기 위해서는 성경에 가감하거나, 성경밖으로 넘어가거나, 성경을 억지로 풀지 말고, 오직 성령의 감동하심으로 기록된 성경 안에서(only), 오직 성경으로(only) 진리의 기준을 삼아 성경을 해석해야 하는 것이며, 그 말씀에 순종해야 하는 것이다. 이는 성경만이 유일한 신앙과 행위의 기초가 되기 때문이다.

## 6) 문맥(文脈)에 따라 성경을 해석하라

성경은 하나님의 말씀을 문자(文字)로 기록한 책이다. 문자는 의미를 전달하기 위하여 '단어(單語)', '문장(文章)', '문단(文段)'으로 이루어져 있다. 때로는 몇 개의 단어로 이루어진 한 문장 만으로도 전달하려는 의미를 정확히 표현할 수 도 있다. 그러나 대부분의 경우는 그렇지 않다. 문장을 읽을 때 앞 뒤의 여러 문장을 함께 읽어야 전달자의 의미(意味)를 정확히 파악할 수 있다. 그러므로, 어떤 본문에 대한 바른 의미를 알기 위해서는 그 문장의 문맥(文脈)(앞 뒤 관계의 의미)을 잘 살펴보면서 읽어야 한다. 어떤 본문의 한 단어나 문장을 가지고 앞 뒤 문맥과는 단절된, 전혀 맞지 않은 엉터리 같은 해석을 해서는 안 되는 것이다.

▶ 욥 23:8,9절  "그런데 내가 앞으로 가도 그가 아니 계시고 뒤로 가도 보이지 아니하며 / 9) 그가 왼편에서 일하시나 내가 만날 수 없고 그가 오른편으로 돌이키시나 뵈올 수없구나 ",

위의 본문을 살펴보자, "내가 앞으로 가도 그가 아니 계시고 뒤로 가도 보이지 아니하며" "만날 수 없고... 뵈올 수 없구나!" 누군가 이 구절을 근거로 '하나님은 없다', 하나님은 '어디에도 존재하지 않으신다'라고 주장할 수 있는 것일까? 이것은 분명히 성경의 본문이지만, 이 본문이 욥기서의 결론이 아닌 것이다. 욥기서의 결론, 진정한 메세지는 마지막 부분에 나온다. 성경은 이와같이 본문의 한 단어, 한 문장만으로만 해석할 수 없다. 성경을 바르게 해석하기 위해서는 본문의 앞, 뒤 구절을 살피며, 문맥(文脈) 안에서 해석해야 하는 것이다. 이단들의 특징은 무엇인가? 그들은 이와 같이 본문의 "한 단어", "한 문장"을 떼어내어서 문맥(文脈)과도 전혀 맞지 않는 엉터리같은 해석을 주장하는 것이다.

# 3. 성경기록의 목적(이유)

성경은 하나님께서 아담과 하와가 선악과를 따먹은 이래로 죄 가운데 빠져 있는 인류를 구원하시기 위하여 주신 책이다. 이것을 위하여 하나님께서 선지자들과 사도들을 부르시고, 그들에게 "성령으로 감동"케 하셔서 친히 기록하게 하신 책이다. 성경은 분명한 기록 목적이 있다. 하나님께서 성경을 기록하게 하시고 오늘날 우리에게까지 주신 이유?, 목적이 무엇인가? 성경에서 그 답을 찾아보자!, 요한복음20장 30절,31절에서 사도 요한은 성경을 기록하게 된 이유(목적)을 다음과 같이 기록하고 있다. ( 참고, 딤후3:15-17, 롬1:17 )

▶ **요한복음 20:30-31절**

예수께서 제자들 앞에서 이 책에 기록되지 아니한 다른 표적도 많이 행하셨으나 / 31) **오직, 이것을 기록함은** 너희로 예수께서 (                    ) 하려 함이요, 또 너희로 (        ) 그 이름을 힘입어 (       )을 얻게 하려 함이니라.

## ▶ 성경 기록의 두가지 기록 목적

**첫째,** " 예수께서 ( **하나님의 아들 그리스도이심을 믿게** ) 하려 함이요 " (31절)

예수께서 "하나님의 아들 그리스도이심을 믿게" 하려고, 성경을 기록하였음을 밝히고 있다.

**둘째,** " 또 너희로 믿고, 그 이름을 힘입어 ( **생명을** ) 얻게 " 하려 함이니라 (31절)

하나님의 아들 예수그리스도를 믿고," 생명을 얻게" 하려고 기록 하였음을 밝히고 있다.

## ☞ 다른 성경 본문의 증거

### 1) 디모데후서 3: 15-17절

그렇다면, 요한이 요한복음에 기록하였으니, 이것은 요한복음에 국한된 기록 목적이 아닌가? 라고 생각할 수 있겠지만, 그렇지 않다. 이것은 요한복음에 국한된 요한복음의 기록 목적만이 아닌, 성경 전체의 기록 목적으로 확대 해석 할 수 있다. 바울은 디모데후서 3장15절에서 그것을 뒷받침 한다. 성경은 먼저 "그리스도안에 있는 믿음으로 인한 구원"을 알게 한다. 그런 후에 믿고 거듭난 하나님의 자녀들에게 "교훈"하시고, "책망" 하시며, "바르게" 하시고 "의"로 교육하신다. 하나님의 자녀로 온전케 하시기 전에 선행되는 것은 먼저, 하나님의 자녀되는 권세 즉 "예수 안에 있는 믿음으로 말미암아 구원"이 있음을 알게 하신다.

▶ **딤후 3:15절** " 또 네가 어려서부터 **성경을 알았나니 성경은 능히 너로 하여금** 그리스도 예수 안에 있는
(　　　　) 말미암아 (　　　　) 에 이르는 지혜가 있게 하느니라"

▶ **딤후 3:16,17절** " 모든 **성경은** 하나님의 감동으로 된 것으로 **교훈과 책망과 바르게 함과 의로 교육**하기에 유익하니, / 17) 이는 하나님의 사람으로 온전케 하며 모든 선한 일을 행하기에 온전케 하려 함이니라"

## 2) 마가복음1:1절, 로마서1:17절

복음(福音)이란 무엇인가? 하나님께서 인류를 향하여 선포하시는 복된 소식이다. 복음은 예수 그리스도의 이야기이며, 이 복음은 "타락한 인류가 예수 그리스도를 믿음으로 구원받는 다는 기쁜소식"이다. 세상에 모든 그리스도인들은 이 복음의 수혜자(受惠者)들이다. 심지어 예수님 옆에 죽어가던 한 편의 강도까지도 이 복음의 혜택을 받은 자이다.

▶ **막 1:1절** 하나님의 아들 **예수 그리스도 복음의 시작**이라

▶ **롬 1:17절** **복음에는** 하나님의 의가 나타나서 (　　　　　　)하나니 기록된 바 오직 의인은 믿음으로 말미암아 살리라 함과 같으니라

하나님은 성경을 통하여 복음(福音)을 선포하셨다. 복음은 예수 그리스도의 이야기이며, "예수그리스도를 믿음으로 구원을 받는다"는 기쁜 소식이다. 이것은 요한복음 20장 30,31절의 성경의 기록 목적과 동일하다. 성경 기록목적은 "인간이 어떻게(How) 구원을 받을 수 있는가?" "타락한 인류를 구원하실 분"이 누구(Who)신가?를 정확히 알게 하려는데 있다. 그것은 오직 "하나님의 아들 예수 그리스도"와 그분을 "믿음으로" 말미암은 구원이 있음을 알게 하시려는 데에 있다.

# 4. 성경의 주인공

각 종 드라마나 연극, 영화를 보면 여러 장면 속에 많은 인물들이 등장한다. 그리고 그수 많은 등장인물 가운데 항상 주인공이 있다. 성경의 역사(歷史)가 창세기로부터 요한계시록까지 구속사적으로 진행되는 가운데, 많은 시대, 많은 장면, 많은 인물들이 등장한다(아담, 하와, 아벨, 노아, 아브라함, 모세, 여호수아, 갈렙, 다윗.... 베드로, 요한, 바울 등). 그러나 그 가운데, 하나님의 대본에 맞게 역사 가운데 등장하시는 "성경의 주인공"이 한 분 계신다. 그 분이 과연 누구이신가? 성경의 구속사적 역사 가운데 궁극적으로 소개하고 있는 '주인공'은 단 한 분이시다. 창세기부터 요한 계시록까지의 모든 성경은 궁극적으로 이 한 분의 주인공을 소개하고 있다. 그러면, 이 한 분의 "주인공"은 누구이신가? 그 분을 성경에서 찾아보자. 먼저, 요한복음 5장 39절을 읽어보자. ( 요5:39, 눅24:25-27, 눅24:44-45 / 창3:14,15 요1:1, 계22:20,21 )

▶ **요5:39절**  너희가 **성경에서 영생을** 얻는 줄 생각하고 성경을 상고하거니와 **이 성경이 곧**
        (            ) **증거하는 것이로다.**

너희가 "성경에서 영생(永生)을 얻는 줄 생각하고, 성경을 상고(詳考) 하거니와"라고 하셨을 때, 주님은 성경의 어떤 일부분이 아닌, 성경 전체의 요지를 논하고 계신다. "이 성경이 곧 내게 대하여 증거 하는 것이로다"(39절) 즉 성경 전체의 논의의 핵심은 바로 "예수 그리스도 자신"이시라는 것이다. 이와 같은 주님의 가르침은 바로 당신께서 "성경의 주인공"이 자신(自身) 이심을 친히 스스로 밝히시고 계신 것이다.

▶ **성경본문의 증거**

▶ **눅24:25-27절,** 가라사대 미련하고 **선지자들의 말한 모든 것을** 마음에 더디 믿는 자들이여 / 26) 그리스
        도가 이런 고난을 받고 자기의 영광에 들어가야 할 것이 아니냐 하시고 / 27) 이에 **모세와 및**
        **모든 선지자의 글로 시작하여 모든 성경에 쓴 바 (          ) 자세히 설명하시니라**

▶ **눅 24:44-45절** 또 이르시되 내가 너희와 함께 있을 때에 너희에게 말한 바 곧 **모세의 율법과 선지자의 글과 시편에 (　　　) 기록된 모든 것이 이루어져야 하리라** 한 말이 이것이라 하시고 / 45) 이에 저희 마음을 열어 성경을 깨닫게 하시고

▶ **요 8:56-58절** 너희 조상 **아브라함은 나의 때 볼 것을** 즐거워하다가 보고 기뻐하였느니라 / 57) 유대인들이 가로되 네가 아직 오십도 못되었는데 아브라함을 보았느냐 / 58) 예수께서 가라사대 진실로 진실로 너희에게 이르노니 **아브라함이 나기 전부터 내가 있느니라** 하시니. 〈 cf. 요1:30 〉

▶ **행 3:18절** 그러나 하나님이 **모든 선지자의 입**을 의탁하사 자기의 **그리스도의 해받으실 일**을 미리 알게 하신 것을 이와 같이 이루셨느니라

▶ **행 3:22-24절** 모세가 말하되 주 하나님이 너희를 위하여 너희 형제 가운데서 **나 같은 선지자 하나를 세울 것이니** 너희가 무엇이든지 그 모든 말씀을 들을 것이라 / 23) 누구든지 그 선지자의 말을 듣지 아니하는 자는 백성 중에서 멸망받으리라 하였고 / 24) 또한 **사무엘 때부터** 옴으로 말한 **모든 선지자도 이 때를 가리켜** 말하였느니라

▶ **벧전 1:8-11절** 예수를 너희가 보지 못하였으나 사랑하는도다 이제도 보지 못하나 믿고 말할 수 없는 영광스러운 즐거움으로 기뻐하니 / 9) 믿음의 결국 곧 영혼의 구원을 받음이라 / 10) 이 구원에 대하여는 **너희에게 임할 은혜를 예언하던 선지자들이** 연구하고 부지런히 살펴서 / 11) 자기 속에 계신 그리스도의 영이 **그 받으실 고난과 후에 얻으실 영광을 미리 증거하여** 어느 시, 어떠한 때를 지시하시는지 상고하니라

☞　눅24:27절 "모든 성경에 쓴 바 자기의 관한 것"이라고 기록하심 같이, 성경의 모든 이야기는 궁극적으로 예수 그리스도와 그의 사역에 집중되는 것임을 알 수 있다. 위의 구절들이 그것을 증명한다. "모세"와 "선지자들", "시편의 기록"이 예수를 증거하고 있으며 "아브라함"이 예수를 즐거워하고 있다. 이는 성경의 주인공은 바로 하나님의 아들 "예수 그리스도"이심을 밝히고 있는 것이다. 뿐만 아니라 구약의 '절기제도'와 '안식일', '성막 제사제도', '대제사장과 그 의식들' 모두가 하나님의 아들 예수그리스도(속죄,부활)와 관련하여, 몸과 그림자, 그림자와 실체의 관계로 존재하고 있음을 알 수 있다(골2:14-17).

## ☞ 성경은 "예수"로 시작해서 "예수"로 끝을 맺는다.

성경은 창세기 3장15절 부터 타락한 인류를 구원하실 "여자의 후손" 즉, 예수 그리스도를 예언함으로 구속의 역사(歷史)를 시작한다. 그리고 여자의 후손으로 오실 예수그리스도를 역사 속에서 점진적으로 밝혀 주신다. 구속 역사의 시작과 과정, 성취가 모두 예수그리스도 안에서 이루어진다. 아브라함에게는 천하 만민이 복(福)을 얻게 될 "네 씨"로 예수 그리스도를 예언하셨다(창22:18 ; 갈3:16). 모세는 하나님과 사람 사이에 참된 중보자가 되시는 예수 그리스도를 "나와 같은 선지자를 보내 주실 것이라" 라는 말씀으로 예언하였다(신18:15; 행7:37,52). 다윗에게는 "영원한 왕"으로 예언하셨고(삼하7:12-16), 이사야에게는 더 구체적으로 "처녀가 잉태하여 아들을 낳으리라"(사7:14)고 예언하셨다.

성경의 모든 예언의 말씀대로 예수 그리스도께서 유대 땅 베들레헴에서 동정녀 마리아에게 성령으로 잉태 되셔서 탄생하셨다(마1:18). 삼 년의 공생애를 마치시고 십자가에서 죽으시고 사흘만에 부활하셨다. 성경의 마지막 책 요한계시록은 부활하시고 승천하신 예수 그리스도께서 최후의 심판주로서, 만왕의 왕으로서, 속히 오실 것을 약속하시며 끝을 맺는다. 성경은 이와같이 하나님의 아들 예수 그리스도로 시작하여 예수 그리스도로 끝을 맺는다. ( 창3:15; 계22:20-11 )

▶ **창3 : 15절** 내가 너로 여자와 원수가 되게 하고 너의 후손도 **여자의 후손**과 원수가 되게 하리니 **여자의 후손은** 네 머리를 상하게 할 것이요 너는 그의 발꿈치를 상하게 할 것이니라 하시고

▶ **요 19:30절** 예수께서 신 포도주를 받으신 후 가라사대 **다 이루었다** 하시고 머리를 숙이시고 영혼이 돌아가시니라

▶ **계22:20-21절** 이것들을 증거하신 이가 가라사대 **내가 진실로 속히 오리라** 하시거늘 아멘 **주 예수여 오시옵소서** / 21) 주 예수의 은혜가 모든 자들에게 있을지어다 아멘

# 5. 구원론 (어떻게 구원을 받을 수 있는가?)

하나님께서 선지자들 사도들로 하여금 성경을 기록하게 하신 목적(目的)은 무엇이며, 성경을 인류에게 주신 이유가 무엇인가? 그것은 바로 타락한 인류를 "죄 가운데에서 구원하시기 위한" 것이다. 인간이 과연 어떻게(How) 구원 받을 수 있는가? 바로 "구원론"에 관한 논의이다. 성경은 "인간이 어떻게(How) 구원을 받을 수 있는가"의 질문에 그 답을 밝히고 있다. 성경의 많은 본문들이 그것에 대하여 기록하고 있다. 바로 하나님의 아들 "예수 그리스도를 믿는 믿음"이 유일한 구원의 길이요 방법임을 말하고 있다. 이것을 깨닫게 하시고 구원하시려 하는 것이 성경 기록의 목적이며, 성경을 주신 이유이다. 그러므로 성경은 많은 교훈과 책망과 바르게 함의 유익함(딤후3:16) 이 있음에도 불구하고, 무엇보다도 구원론, "인간이 어떻게 구원을 받을 수 있는가?"를 말씀하고 있다. 그것은 오직 하나님의 아들 "예수 그리스도"를 믿는 "믿음"으로 말미암아 구원을 얻는 다는 진리이다.

## ▶ 성경 본문의 증거

▶ **행 16:30,31절** 저희를 데리고 나가 가로되 선생들아 내가 **어떻게 하여야 구원을 얻으리이까** 하거늘,
　　　　　 / 31) 가로되 (　　　　　　　　) 그리하면 **너와 네 집이 구원을 얻으리라** 하고

▶ **요 1:12,13절** 영접하는 자 **곧 그 이름을** (　　　　) 하나님의 자녀가 되는 권세를 주셨으니 , 이는 혈통으로나 육정으로나 사람의 뜻으로 나지 아니하고 오직 하나님께로서 난 자들이니라

▶ **요 3:16절,** 하나님이 세상을 이처럼 사랑하사 독생자를 주셨으니 **이는** (　　　　) **자마다 멸망치 않고 영생을 얻게** 하려 하심이니라

▶ **요 14:6절,** 예수께서 가라사대 내가 곧 길이요 진리요 생명이니 나로 말미암지 않고는 **아버지께로 올 자가 없느니라**

▶ **갈 2:16절,** 사람이 **의롭게 되는 것은** 율법의 행위에서 난 것이 아니요 (　　　　　　　) 말미암는 줄 아는 고로 우리도 그리스도 예수를 믿나니 이는 우리가 율법의 행위에서 아니고 그리스도를 **믿음으로서** 의롭다 함을 얻으려 함이라 율법의 행위로서는 의롭다 함을 얻을 육체가 없느니라.

▶ **행4:12절**    다른 이로서는 구원을 얻을 수 없나니 **천하 인간에** 구원을 얻을 만한(          ) 우리에게 주
신 **일이 없음**이니라 하였더라

▶ **요5:24절**    내가 진실로 진실로 너희에게 이르노니 **내 말을 듣고** 또 나 보내신 이를(          ) **영생을 얻었**
고 심판에 이르지 아니하나니 사망에서 생명으로 옮겼느니라          .

▶ **요일5:11-13절**    또 증거는 이것이니 하나님이 우리에게 영생을 주신 것과 이 생명이 그의 아들 안에 있는
그것이니라 / 12) **아들이 있는 자에게는 생명이 있고** 하나님의 아들이 없는 자에게는 생명
이 없느니라 / 13) 내가 **하나님의 아들의 이름을** (          ) **너희에게** 이것을 쓴 것은 너희로 하
여금 너희에게 **영생이 있음을** 알게 하려 함이라

## ▶ 제1과 요점정리

1. 성경의 저자(著者)는 하나님이시다. '성령의 감동'으로 기록하게 하셨다' (딤후3:16 / 벧후1:21)

2. 성경 말씀에 "가감(加減)"(더하거나 빼기) 하지말라  (신4:2/12:32, 잠30:6, 계22:18,19)

3. "기록한 말씀 밖으로" 넘어가지 말라. 성경에 없는 내용 주장하지 말라 (고전4.6)

4. 성경을 "사사로이" 풀지 말라. (개인적인 목적, 이익이나, 명예나, 인기를 위하여) (벧후1:20)

5. 성경을 "억지로" 풀지 말라. ( 벧후3:16 )

6. 성경을 성경 안에서 성경으로 해석하라 ( 웨스트민스터 신앙고백 제1장 9,10항 )

7. 성경을 해석할 때에 앞 뒤 문장의 문맥에 맞도록 해석하라.

8. 성경기록 목적은 예수께서 하나님의 아들이심을 믿고 생명을 얻게 하려함이다 (요20:30,31/ 딤후3:15)

9. 성경의 주인공은 오직 "예수 그리스도" 이시다 (요5:39).

▶ 학습 후 질문

1. 성경의 원저자(著者)는 누구이신가?  (출17:14 ; 34:27)

2. 성경은 "하나님의 감동"(딤후3:16), "성령의 감동"(벧후1:21), "예수그리스도의 계시"(갈1:12) 로
   기록되었다. 이것이 의미하는 것은 무엇인가?

3. 성경해석의 원리 5가지는 무엇인가?

4. 성경 말씀에 "가감(加減)" 하지말라는 것은 무슨 뜻인가?  (신4:2;12:32, 잠30:6, 계22:18,19)

5. 성경 말씀에 더하는 자들은 어떤 사람들인가? (잠30:6 )

6. 그러면, "거짓 선지자", "거짓 교사" 들은 어떤 사람들인가?

7. 성경 말씀에 가감했을 때 주어지는 형벌은 무엇인가? (계22:18,19)

8. 성경을 "사사로이" 풀지 말라고 했을때, "사사로이"는 무슨 뜻인가?  (벧후1:20)

9. 성경을 "억지로" 풀지 말라고 했을때, "억지로"는 무슨 뜻인가? ( 벧후3:16 )

10. 성경안에서 성경을 해석해야 하는 이유는 무엇인가? ( 웨스트민스터 신앙고백 제1장 9,10항 )

11. 성경을 문맥에 맞게 해석해야 하는 이유는 무엇인가?

12. 성경의 기록 목적은 무엇인가? (요20:30,31).

13. 성경의 주인공은 누구이신가? (요5:39 ; 눅24:27 ; 눅24:44).

14. 성경에서 말하는 유일한 구원의 방법(구원론)은 무엇인가? (행16:30,31; 갈1:16)

# 제2과 이단의 정의

1. 신약 성경의 이단 관련 본문

2. 이단의 의미 ($\alpha\H{i}\rho\epsilon\sigma\iota\varsigma$)

3. 이단의 판단기준

4. 이단이란 (성경적 정의)

# 1. 신약 성경의 이단관련 본문

　　신약 성경에서 "이단(αἵρεσις 하이레시스, 139)"이라는 단어는 사도행전24장 5절에 가장 먼저 나타난다. 대제사장과 아나니아, 장로들, 변사 더불로가 벨릭스 총독 앞에서 바울을 향하여 "나사렛 이단의 괴수"라고 고소할 때에 이 단어가 처음 사용되었다. 이에 대하여 바울은 사도행전24장 14절에 자신이 유대인들로 부터 "이단(αἵρεσις)"이라고 비방의 말을 듣고 있음을 시인한다. 그러나 얼마간 시간이 지난 후 갈라디아서, 디도서, 베드로후서에서 유대인들의 주장과는 반대로 사도들이 "예수 그리스도"와 "복음을 변질시키는 무리들을 향하여 "이단"이라고 정죄(定罪)하며, 성도들에게 "이단"에 대한 특별한 주의를 당부하고 있다. 이와 관련된 성경 본문을 찾아보자. "이단(αἵρεσις 하이레시스, 139)"의 성경적인 의미는 과연 무엇인가?

### ▶ 이단에 관련된 성경본문

▶ **행 24 : 5절**　　우리가 보니 이 사람은 염병이라 천하에 퍼진 유대인을 다 소요케 하는 자요 **나사렛 이단의 괴수라**"

▶ **행 24 : 14절**　　그러나 이것을 당신께 고백하리이다 나는 **저희가 이단이라 하는 도를 좇아** 조상의 하나님을 섬기고 율법과 및 선지자들의 글에 기록된 것을 다 믿으며"

▶ **갈5 : 20,21절**,　　우상 숭배와 술수와 원수를 맺는 것과 분쟁과 시기와 분냄과 당 짓는 것과 분리함과 **이단과** / 21) 투기와 술 취함과 방탕함과 또 그와 같은 것들이라 전에 너희에게 경계한 것같이 경계하노니 이런 일을 하는 자들은 **하나님의 나라를 유업으로 받지 못할** 것이요"

▶ **딛3 : 10,11절**,　　**이단에 속한 사람을** 한두 번 훈계한 후에 멀리 하라 / 11) 이러한 사람은 네가 아는 바와같이 부패하여서 스스로 정죄한 자로서 죄를 짓느니라"

▶ **벧후2 : 1, 2절**,　　그러나 민간에 또한 거짓 선지자들이 일어났었나니 이와 같이 너희 중에도 거짓 선생들이 있으리라 저희는 **멸망케 할 이단을 가만히 끌어들여** 자기들을 사신 주를 부인하고 임박한 멸망을 스스로 취하는 자들이라 / 2) 여럿이 저희 호색하는 것을 좇으리니 이로 인하여 진리의 도가 훼방을 받을 것이요 "

# 2. 이단의 의미 ($\ddot{\alpha}\dot{\iota}\rho\epsilon\sigma\iota\varsigma$)

사도행전 24장 5절에 처음 등장하는 이단, "$\ddot{\alpha}\dot{\iota}\rho\epsilon\sigma\iota\varsigma$ 하이레시스"는 처음에는 바리새파, 사두개파 등의 유대 공동사회내의 집단들을 지칭하였다. 즉, 어떤 "종파", "당파", "집단"을 의미하는 단어였다. 사도행전 24장에 유대인들(대제사장, 장로들)이 바울을 향하여 "나사렛 이단의 괴수"라고 한 것은, 바울이 유대인인 자신들과는 다른 집단, 다신 신앙을 가지고 있는 무리들의 두목이라는 의미이다. 그러나 세월이 지나서 이 단어는 사도(使徒)들에 의하여 사용되어지는데, 이 때의 "이단($\ddot{\alpha}\dot{\iota}\rho\epsilon\sigma\iota\varsigma$)"은 하나님의 진리 말씀에서 벗어나 성경의 계시와 다른 주장을 하는 사람들, 즉 "다른복음", "다른예수", "다른 구원의 길"을 증거하는 자들을 의미하였다. 즉 "이단"이라 함은 "하나님의 말씀을 대적하는 사람들", "하나님의 공동체 밖의 사람들", "구원에서 완전히 벗어난 자들"을 의미하였다.

# 3. 이단의 판단 기준

그렇다면 이단($\ddot{\alpha}\dot{\iota}\rho\epsilon\sigma\iota\varsigma$)의 판단기준은 무엇인가? 어떤 이단(신천지)에 속해있는 강사가 이단에 대하여 강의하는 것을 들은 적이 있었다. 그는 한국교회의 이단 판단 기준은 "기득권을 가진 기성교단의 신흥교단에 대한 무조건적인 평가" 라고 이야기하였다. 또한 "맹목적이고 무조건적인 판단", "교단이 크면 정통, 작으면 이단" 이라고 한다고 비판하였다. 이 신천지 강사의 주장대로 "이단에 대한 판단 기준"이 과연 그러한가? 이단의 판단기준은 결코 외형적인 것에 있지않다. 이단 판단의 기준은 "오직 기록된 성경말씀"이다.

> ▶ **다음과 같은 것은 이단 판단기준이 아니다**

1. **어떤 개인이나 집단의 외형적 모습**

2. **기득권을 가진 기성교단의 신흥교단에 대한 평가**

3. **맹목적, 무조건적 판단 "나는 정통", "너는 이단" 규정**

4. **교단 규모의 차이, 크면, '정통', 교단이 작으면, '이단'**

5. **이 시대 '중심인물'을 부인하면 이단( JMS주장)**

6. **기타 (성경적인 판단이 아닌 다른 주장들)**

## ☞ 사도들의 "이단" 판단 기준

사도들과 이단들과의 논쟁은 언제나 예수 그리스도와 계시된 말씀에 대한 논쟁이었다. 바울과 유대인들, 사도들과 이단들과의 논쟁은 어떤 기득권에 대한 싸움이나, 외형적인 문제가 아닌 언제나 말씀에 관한 교리논쟁이었다. 그들과의 논쟁은 결과적으로 "예수 그리스도에 관한" 것으로, 과연 "예수 그리스도는 누구이신가?", 우리가 "어떻게 구원을 받을 수 있는가?"의 문제로 귀결된다. 즉 기독론, 구원론의 문제이다. 바울과 사도들은 끊임없이 사람의 몸으로 오신 예수 그리스도는 하나님의 아들이시며(신성과 인성), 그 분의 죽으심과 부활하심으로 인류의 죄를 속하고 영원한 생명을 얻게 됨을 증거하였다. 예수 그리스도께서는  죄인을 구원하실 유일한 구원자이시며, 구원의 방법으로는 "오직 믿음"을 강조하였다.

반면, 이단들은 결과적으로 예수 그리스도의 신성 또는 인성을 부인하고, 어떻게 구원을 받을 수 있는가?의 구원의 방법에 있어서, "이신칭의"를 부인한다. 유대인의 경우 자신들은 이미 외형적으로 아브라함의 후손, 할례, 모세의 율법 준수로  이미 선민(選民)임을 주장했으며, 다른 기독교 이단들은 "다른 복음", "다른 예수"를 주장하였다. 사도행전15장의 예루살렘 공의회가 열린 배경을 보더라도 "구원론"에 있어서, 오직 믿음인가? 믿음 위에 율법의 행위가 있어야 하는가?의  믿음과 행위(할례, 모세의 율법)의 논쟁이 치열했음을 알수 있다. 그러므로 이단의 판단 기준은 언제나 예수 그리스도와 계시된 말씀이었으며, 결과적으로 구원론과 직결되고 있음을 알 수 있다.

# 4. 이단이란? ( 성경적 정의 )

이단이란? 간단히 "다른 기독교", "가짜 기독교" 로 표현할 수 있다. 또한 "기독교의 핵심 교리들을 부인하는 자들"이라고 할 수도 있다. 그러나 성경해석의 원리에 입각하여 정의하자면 이단이란? "성령의 감동으로 기록된 하나님의 말씀(기록 목적, 주인공, 중요교리)을 자의적으로 해석, 가감하고(신4:2: 계28:18,19)  사사로이 풀며 (벧후1:20),  말씀 밖으로 넘어가고 (고전4:6) , 억지로 해석하는 방법으로 (벧후3:16-18), 예수 그리스도와 복음을 대적하고, 수 많은 영혼들을  파멸, 지옥으로 몰아가는 자들" 이라고 정의 할 수 있다. 이들은 이단자요, 이들의 교리는 이단교리이다. 성경은  이들을 '거짓 그리스도', '거짓 선지자', '거짓 선생' 이라 칭하고 있으며, 이들의 죄는 이생과 내세에서도 영원히  용서받지 못하는 "성령 훼방죄"(마12:31,32) 임을 말씀하고 있다.

## ▶ 학습 후 질문

1. 이단이라는 단어 "αἵρεσις 하이레시스"의 원어적인 의미는? (행24:5)

2. 유대인들이 바울을 향하여 "이단의 괴수"이라고 했을 때의 의미는? (행24:5)

3. 후에 사도들이 성경에 언급하고 이단의 의미는 (오늘날 의미)? (갈5:20; 딛3:10; 벧후2:1)

4. 성경에서 말씀하고 있는 "이단의 판단기준"은 무엇인가? (신4:2/12:32; 벧후1:20; 벧후3:16)

5. 그렇다면, 이단이란 무엇인가? (정의)

6. 최종적으로, 이단이 하려고 하는 것은 무엇인가? (마23:13; 요10:10)

# 제3과  이단 대처를 위한 한국교회의 의식 변화 필요성

1.  이단 대처의 소극적 대응방식

2.  이단 대처의 적극적 대응방식

# 1. 이단 대처의 소극적 대응방식

백 여 년전 선교사들에 의하여 복음이 이 땅에 들어온 이래, 한국교회는 괄목할만한 양적 성장을 이루었다. 그럼에도 불구하고 오늘의 한국 교회 안에는 수 많은 이단들이 발흥하여 성도들을 위협하고 있다. 그 근본(根本) 원인이 무엇일까? 본인은 그 원인을 한국교회의 소극적 대응방식에서 찾는다(딛3:9-10, 요이:9-10절의 오해). 한국교회는 그동안 이단들에 대하여 소극적으로 대처해왔다. 즉, 그들을 "멀리하고", "무관심하고", "방치"하였던 것이다. 영적으로 깨어서 교회차원의 적극적인 대응을 하지 못하였다. 주님과 사도들은 사역속에서 복음(福音) 증거와 함께 철저한 이단경계의 본을 보여 주셨다. 그러나 한국교회는 복음(福音) 증거하는 사역은 열심하였으나, 이단 경계사역에는 소극적이었다.

▶ **멀리하라** (딛3: 9-10)

그러나 어리석은 변론과 족보 이야기와 분쟁과 율법에 대한 다툼을 피하라 이것은 무익한 것이요 헛된 것이니라. **이단에 속한 사람을** 한두 번 훈계한 후에 **멀리 하라.**

▶ **상대하지마라** (요이1 : 9-10)

지내쳐 그리스도 교훈 안에 거하지 아니하는 자마다 하나님을 모시지 못하되 교훈 안에 거하는 이 사람이 아버지와 아들을 모시느니라, 누구든지 이 교훈을 가지지 않고 너희에게 나아가거든 그를 **집에 들이지도** 말고 **인사도 말라** (요이 1:9-10)

## ☞ 교회의 소극적 대응 결과 (한국교회의 현실)

### 1) 이단인구의 확산

교회에서 이단들을 적극적으로 경계하지 않고, 그들을 멀리하고, 무관심하고 있을 때, 이단들이 오히려 마음껏 포교 활동을 함으로 이단 교리가 확산되고, 뿌리 내리며, 발흥하기 쉬운 토양을 만들어 주고 말았다. 그 결과 많은 영혼들이 미혹되게 되었다.(현재 200만 이상)

### 2) 성도들과 내 가족을 미혹한다.

한국 교회가 이단들에 대하여 방관하는 동안, 이들의 세력이 확산되어, 각종 이단들이 난무하게 되었으며, 지금은 심지어 교회안에까지 파고 들어와 성도들을 미혹하고 교회를 무너뜨리는 지경에 이르고 말았다. 이제는 이단들이 우리 교회, 우리 성도, 우리의 가족들까지 미혹하는 상황에 이르렀다 (이들은 전투적으로, 필사적으로 거짓 친분을 쌓으며 다가온다).

# 2. 이단 대처의 적극적 대응방식

과연 이단에 대한 교회(敎會)의 무관심과 방치가 성경의 가르침에 합당한 태도인가? 주님께서 멀리하고(딛3:9-10), 상대하지 말라(요이1:9-10)고 한 대상은 이단의 교주들(적그리스도)과 거짓선지자, 거짓 교사들, 이단 교리를 가지고 성도들을 미혹하려고 접근하는 자들에 관한 가르침이다. 결코 미혹을 당하고 있는 주님의 양 떼들을 방관하라고 하시는 말씀이 아니었다. 이것은 주님의 가르침(마24: 23-25)과 사도들의 가르침(행20:29-31; 벧후2:1-3)"을 보아서도 알 수 있다. 이단을 "멀리하고","상대하지 말라"는 가르침은 성도들로 하여금 이단을 경계하도록 경각심을 주시는 말씀이었다. 심지어 유다는 "단번에 주신 믿음의 도"를 위하여 "힘써 싸우라"고 명령하고 있다(유1:3~4). 그러므로 한국교회는 복음전파와 함께 이단경계 사역을 힘있게 적극적으로 감당해 나아가야 한다.

## 1) 외면하지 말고, 적극적으로 상대(경계)

1) 확실한 복음을 깨닫고 진리 가운데 굳건히 서라(구원의 확신) / (요5:24; 요일5:13)

2) 그들이 주장하는 반성경적인 교리(무기)가 무엇인지 파악하라 / (엡6:11-17)

3) 그들의 주장이 정통교리와 비교하여 무엇이 잘못되었는지 파악하라,

4) 이단에 미혹되면 왜? 안 되는지 적극적으로 가르치라 / (고후11:3,4 ; 갈1:8,9; 계19:20; 20:10)

## 2) 이단에 속한 사람의 두 가지 분류

이단에 속한 사람을 두 가지로 분류해야 한다. 첫째는 적그리스도, 거짓선지자, 거짓교사들 그리고 예수 그리스도를 부인하고 완전히 떠나 이들에게 속한 자들이다. 두번째는 이들에게 미혹되고 있는 사람들이다. "진리를 찾다가 진리에 바로서지 못해서", "구원의 확신이 없어서", "하나님의 자녀임에도 불구하고", "누군가에게 속아서" 이단에 미혹되어 있는 자들이다. 이런 자들에게는 바른 진리를 깨닫게 하고 주님의 품으로 데려 와야 한다. 첫째 분류는 상대할 가치가 없고, 둘째 분류 포기하지 말고 데려와야 한다.

1) **첫째 분류 :** 적그리스도, 거짓 선지자들, 거짓 교사, 이들에게 속한 자들

2) **둘째 분류 :** 진리를 찾다가 이들에게 미혹되고 있는 택자들(양떼)이다.

## 3) 미혹된 자들을 포기하지 말아야 하는 이유 (택자들)

교회가 이단에 미혹된 영혼들을 끝까지 포기하지 말아야 할 이유가 있다. 그것은 그 안에 주님께서 택한 백성들이 있기때문이다(마24:24). "주님께서 거듭하여 당부하셨는데도 불구하고", "교회에서 제대로 가르치지 못해서", 또는 "성도 개인이 깨어있지 못해서" 사단에게 한 순간 미혹되어 있는 "택한 자들이" 있기 때문이다. 주님의 양 무리가, 사랑하는 자녀들이 영혼의 사기꾼들에게 속아서 파멸의 길, 지옥의 길로 가고 있다면 그것을 앉아서 보고만 있겠는 가?, 그냥 포기할 것인가? 그 안에 "주님의 택한 자들이 있다는 것", "하나님의 자녀들이 미혹을 당하고 있다는 것", 결코 그들을 포기할 수 없는 이유이다. 주님은 야고보서5장19-20절에서 진리를 떠난 자를 데려오는 사역에 대하여 다음과 같이 말씀하셨다.

▶ **마24:23-25절** 그 때에 사람이 너희에게 말하되 보라 그리스도가 여기있다 혹 저기 있다 하여도 믿지 말라,거짓 그리스도들과 거짓 선지자들이 일어나 큰 표적과 기사를 보이어 할 수만 있으면 **택하신 자들도, 미혹하게 하리라,** 보라 내가 너희에게 **미리 말하였노라**

▶ **약5:19,20절** 내 형제들아 너희 중에 미혹하여 **진리를 떠난 자를 누가 돌아서게 하면** / 너희가 알 것은 죄인을 미혹한 길에서 돌아서게 하는 자가, **그 영혼을 사망에서 구원하며** 허다한 죄를 덮을 것이니라.

> ▶ **미혹된 자들을 포기하지 말아야 하는 이유**

1) 이단에게 미혹되고 있는 사람들 중에 택한 자녀가 있기 때문이다. (마24:24)

2) 진리를 떠난 미혹된 자를 데려오라고 하시기 때문이다. (약5:19,20)

3) 만일 데려오지 않으면, 그들의 영혼이 절망중에 큰 고통에 빠지기 때문이다.

4) 택한 자들은 주님께서 버리지 않으시며 결국 돌아오기 때문이다. (롬8:35-39)

5) 역사적으로 위대한 인물들도 이단에서 나온 사람들이었다. (바울, 어거스틴 등)

▶ 학습 후 질문

1. 성경에 이단을 "멀리하라"(딛3:9-10), "집에 들이지도 말고 인사도 하지 말라"(요이1:9-10) 했을때, 이들은 어떤 사람들을 의미하는 가?

2. 성경에 "미혹하여 진리를 떠난 자를 돌아서게 하는" 것은 어떤 사역을 말하는가? (약 5:19-20)

3. 성경에 "미혹하는 자"는 누구이며, "미혹받는 자"는 누구인가? (마24: 4,5,11, 24)

4. 예수님께서 또한 사도들이 이단에 대하여 각별히 경계하시는 이유는 무엇인가?

5. 주변에 사랑하는 성도, 이웃, 내 가족이 미혹을 받고 있을때 어떻게 해야 하는가?

# 제4과  주님과 사도들의 이단경고

1. 예수님의 이단 경고 (마24장)

2. 사도들의 이단 경고

3. 교회의 바른사역 (복음전파와 이단경계)

# 1. 예수님의 이단 경고 (마24장)

　　예수님은 마태복음 24장에서 "주님의 재림과 세상 끝의 징조"를 묻는 제자들에게, 그 첫번째 징조(徵兆)로서 "많은 이단들의 출현을 경고"하셨다. 5절, "많은 사람이 내 이름으로 와서 이르되 나는 그리스도라 하여 많은 사람을 미혹케 하리라" 또한 23절 이하" 보라 그리스도가 여기 있다 혹 저기 있다하여도 믿지말라. 택하신 자들도 미혹(迷惑)하게 하리라" 이와같이 주님께서 많은 이단의 출현에 대하여 거듭하여 말씀하신 이유가 무엇일까? 그것은 마지막때 성도들로 하여금 깨어서 준비하게 하기 위함이었다. 주님께서는 이미 2.000 여년 전 당신의 사역(使役) 속에서 힘 있는 복음(福音)증거와 함께 이단 경계사역, 즉 "거짓 그리스도", "거짓 선지자", "거짓 선생"들에게 빠지지 않도록 성도들에게 경각심을 주고 계신 것이다. 이것은 훗날 마지막때를 사는 성도들이 이단에 빠지지 않도록  철저하게 경계 사역을 하신 것이다.

▶ **성경본문**

▶ **마24:3-5절**　　예수께서 감람 산 위에 앉으셨을 때에 제자들이 종용히 와서 가로되 우리에게 이르소서 어느 때에 이런 일이 있겠사오며 또 **주의 임하심과 세상 끝에는**  무슨 징조가 있사오리이까? / 4) 예수께서 대답하여 가라사대 너희가 **사람의 미혹을 받지 않도록 주의하라** / 5) 많은 사람이 **내 이름으로** 와서 이르되 **나는 그리스도라** 하여 많은 **사람을 미혹케** 하리라.

▶ **마24:23-25절**　　그 때에 사람이 너희에게 말하되 **보라 그리스도가 여기있다 혹 저기 있다 하여도 믿지 말라** / 24) 거짓 그리스도들과 거짓 선지자들이 일어나 큰 표적과 기사를 보이어할 수만 있으면 **택하신 자들도 미혹하게** 하리라 / 25) 보라!  내가 너희에게 **미리 말**하였노라

▶ **마7: 15절**　　**거짓 선지자들을 삼가라** 양의 옷을 입고 너희에게 나아오나 속에는 **노략질하는 이리라**

▶ **요10:8-10절**　　나보다 먼저 온 자는 **다 절도요 강도니** 양들이 듣지 아니하였느니라 / 9) 내가 문이니 누구든지 나로 말미암아 들어가면 구원을 얻고 또는 들어가며 나오며 꼴을 얻으리라/ 10) **도적이 오는 것은 도적질하고 죽이고 멸망시키려는** 것뿐이요 내가 온 것은 양으로 생명을 얻게 하고 더 풍성히 얻게 하려는 것이라

# 2. 사도들의 이단 경고

## 1. 바울의 이단 경고

　　다메섹 도상에서 예수님을 만나 복음(福音)을 깨닫게 되었던 바울은 그의 평생을 주님의 복음을 위하여 헌신하였다. 그는 주님께로 부터 받은 복음을 증거하는 사명과 아울러 "다른 복음", "다른 예수"를 경계하는 사역을 감당하였다. 사도행전 20장에 보면 사도 바울이 예루살렘에 올라가기 전에 밀레도에서 에베소 장로들을 청하여 놓고 "흉악한 이리"가 "어그러진 말"로 주님의 양떼를 미혹하지 않도록 주의하라고 신신당부하였다. 자신이 전해준 복음 위에 굳건히 서라고 당부하였다.(행20:21) 고린도후서 11장 3,4절에는 고린도 교회가 이단 교리에 현혹되는 상황을 개탄해 하고 있으며, 갈라디아서1장 6-9절에서는 바울이 "다른 복음" 전하는 자들에게 저주를 퍼붓고 있다. 이와같은 본문이 의미하는 것은 무엇인가? 이것은 바울의 사역이 복음증거와 함께 철저한 이단경계 사역이였음을 알 수 있는 것이다. 바울뿐만 아닌 다른 제자들도(베드로, 요한, 유다) 역시 그들의 사역속에서 복음증거와 함께 이단 경계를 철저히 하고 있음을 알 수 있다.

▶ **성경본문**

▶ **행20:29-31절**　내가 떠난 후에 **흉악한 이리가** 너희에게 들어와서 그 양떼를 아끼지 아니하며 / 30) 또한 너희 중에서도 제자들을 끌어 자기를 좇게 하려고 **어그러진 말을 하는 사람들이** 일어날 줄을 내가 아노니 / 31) 그러므로 너희가 일깨어 내가 삼 년이나 밤낮 쉬지 않고 눈물로 각 사람을 훈계하던 것을 **기억하라**

▶ **고후 11:3,4절**　뱀이 그 간계로 **이와를 미혹케 한 것같이** 너희 마음이 그리스도를 향하는 진실함과 깨끗함에서 떠나 부패할까 두려워하노라 / 4) 만일 누가 가서 우리의 전파하지 아니한 **다른 예수를** 전파하거나 혹 너희의 받지 아니한 **다른 영을** 받게 하거나 혹 너희의 받지 아니한 다른 복음을 받게 할 때에는 너희가 잘 용납하는구나

▶ **갈1: 6-9절**　그리스도의 은혜로 너희를 부르신 이를 이같이 속히 떠나 **다른 복음 좇는 것을** 내가 이상히 여기노라 / 7) 다른 복음은 없나니 다만 어떤 사람들이 너희를 요란케 하여 **그리스도의 복음을 변하려 함이라 / 8)** 그러나 우리나 혹 하늘로부터 온 천사라도 우리가 너희에게 전한 복음 외에 **다른 복음을 전하면 저주를** 받을지어다 / 9) 우리가 전에 말하였거니와 내가 지금 다시 말하노니 만일 누구든지 너희의 받은 것 외에 **다른 복음을 전하면 저주를** 받을지어다.

## 2. 베드로의 이단경고

▶ **벧후 2:1-3절** 그러나 민간에 또한 **거짓 선지자들**이 일어났었나니 이와 같이 **너희 중에도 거짓 선생들**이 있으리라 저희는 **멸망케 할 이단을 가만히 끌어들여** 자기들을 사신 주를 부인하고 임박한 멸망을 스스로 취하는 자들이라 / 2) 여럿이 저희 호색하는 것을 좇으리니 이로 인하여 **진리의 도가 훼방을 받을 것이요** / 3) 저희가 탐심을 인하여 지은 말을 가지고 너희로 이를 삼으니 저희 심판은 옛적부터 지체하지 아니하며 저희 멸망은 자지 아니하느니라.

## 3. 요한의 이단경고

▶ **요일 2:18절** 아이들아 이것이 마지막 때라 **적그리스도가 이르겠다** 함을 너희가 들은 것과 같이 지금도 많은 **적그리스도가 일어났으니** 이러므로 우리가 마지막 때인 줄 아노라

▶ **요이 1:7절** 미혹하는 자가 많이 세상에 나왔나니 이는 예수 그리스도께서 육체로 임하심을 부인하는 자라 이것이 미혹하는 자요 적그리스도니.

▶ **요이 1:10,11절** 누구든지 이 교훈을 가지지 않고 너희에게 나아가거든 그를 집에들이지도 말고 인사도 말라, / 11) 그에게 인사하는 자는 그 악한 일에 참여하는 자임이니라

## 4. 유다의 이단경고

▶ **유 1:3-4절** 사랑하는 자들아 내가 우리의 일반으로 얻은 구원을 들어 너희에게 편지하려는 뜻이 간절하던 차에 성도에게 **단번에 주신 믿음의 도를 위하여 힘써 싸우라**는 편지로 너희를 권하여야 할 필요를 느꼈노니 / 4) 이는 **가만히 들어온 사람 몇이 있음**이라 저희는 옛적부터 이 판결을 받기로 미리 기록된 자니 경건치 아니하여 우리 **하나님의 은혜를 도리어 색욕 거리로 바꾸고** 홀로 하나이신 주재 곧 **우리 주 예수 그리스도를 부인하는** 자니라

# 5. 요한계시록의 이단경고

▶**계 22:18-19절**  내가 이 책의 예언의 말씀을 듣는 각인에게 증거하노니 만일 누구든지 **이것들 외에 더하면** 하나님이 **이 책에 기록된 재앙들을 그에게 더하실** 터이요 / 19) 만일 누구든지 **이 책의 예언의 말씀에서 제하여 버리면** 하나님이 이 책에 기록된 생명나무와 및 거룩한 성에 참여함을 제**하여** 버리시리라.

이와 같이 "복음증거"와 "이단경계 사역"은 예수님께서 몸소 보여주셨을 뿐만이 아닌 사도들에게도 주요 사역(使役)이였다. 성경의 본문을 통하여 바울, 베드로, 요한, 유다 등이 성도들에게 심각한 이단 경고를 하고 있음을 알 수 있다. 특별히 요한계시록은 성경의 마지막 책인데, 성경의 마지막 책 요한계시록의 마지막 장에서 마지막으로 "이단을 경고" 하며 성경을 마무리 하는 것은, 이단의 심각성을 인지하고 끝까지 깨어서 대처하라는 주님의 가르침이 기록되어 있는 것이다.

## ▶ 주님과 사도들의 이단 경계(정리)

▶ **예수님** / 거짓그리스도, 거짓선지자 **택한 자도 미혹을 한**다고 미리 말씀 하셨다. (마24:23-25)

▶ **바울** /  **흉악한 이리가** 양떼를 흩을 것이라고, 눈물로 훈계하였다. (행20:29-31)

　　　　　 **다른예수, 다른복음, 다른 영** 조심할 것을 신신당부한다. (갈1:6-9)

▶ **베드로** / 멸망케 할 **이단이 들어와** 주를 부인하게 된다.  **진리의 도가 훼방**을 받는다. (벧후2:1-3)

▶ **요한** / 지금, 마지막 때 **많은 적그리스도**가 등장하고 있다. (요일2:18)

　　　　 " **예수께서 육체로 임하심을 부인하는 자**"가 적그리스도이다. (요이1:7)

▶ **유다** / 일반으로 얻은 '**구원의 도**'를 위하여 '**힘써 싸우라.**' (유1:3-4)

　　　　 **가만히 들어온 몇 사람이** , 주님의 은혜를 도리어 색욕거리로 바꾸고 있다.

# 3. 교회의 사명, "복음 전도"와 "이단 경계"사역

위의 본문들을 통하여 살펴보았듯이, 주님과 사도들은 복음 증거와 함께 철저한 이단경계 사역을 감당하셨다. "복음증거"와 "이단경계 사역" 이 두 가지를 함께 병행하였음을 알 수 있다. 이단경계 사역은 해산의 고통가운데 복음(福音)으로 낳은 주님의 양떼들을 사단의 세력으로 부터 보호하는 사역이다. 창세기 3장의 에덴동산에서 아담과 하와를 타락시킨 사단은 지금도 여전히 하나님의 자녀들을 미혹하고 있다. 주님께서 계셨던 2,000년 전이나 지금이나 사단은 거짓 그리스도과 거짓 선지자들을 통하여 끊임없이 "우는 사자 같이 두루 다니며 삼킬 자를" (벧전5:8) 찾고 있다. 주님께서는 마지막 때에 "많은 이단들이 출현하여 많은 사람들을 미혹한다고 이미 경고하셨다(마24:4,5). 그러므로 그 어느때 보다도 이 시대의 교회의 사명은 "복음 증거"와 함께 "철저한 이단경계" 사역이라 할 수 있다. 이것이 주님과 사도들이 친히 우리에게 보여주신 성경적인 바른 목회사역라 할 수 있다.

### ▶ 한국교회 안에 팽창하는 이단 인구 무엇 때문인가?

한국 교회안에 많은 신흥종교(이단)들이 출현하고 있다. 이단 인구가 기하급수적으로 증가하고 있다. 이제는 심지어 교회안에까지 들어와 양떼들을 미혹하고 있다. 한국교회는 이런 현상을 어떻게 해석해야 할까? 단순히 이 시대가 마24장의 "마지막 때"이기에 그렇게 되었다고 하기전에 우리는 자신을 돌아 보아야 한다. 한국교회는 "이단경계사역"에 얼마나 깨어 있었는가? 얼마나 경각심을 가지고 있었는가? 성도들이 미혹되지 않도록 얼마나 교육하였는가? 한국교회는 그 동안 양적인 부흥을 위하여 전도, 양육, 교육, 각종 프로그램 등의 열정을 아끼지 않았다. 그리고 풍성한 결실을 보았다. 그러나 반면에 이단 경계 사역은 소홀하였다. 그것이 작금(昨今)의 한국교회 안에 팽창하는 이단인구의 주요 원인임을 밝힌다.

이제는 더욱 깨어 있어야 한다. 아직 늦지 않았다. 한국교회가 다시 일어나야 한다. 지피지기면 백전백승(적을 알고 나를 알면 백번 싸워 백번 이긴다) 이다. 한국 교회가 다시 일어나 단합하여, 말씀으로 무장하고 이단을 경계하고 성도들을 깨우면 반드시 승리하는 교회가 될 것이다. 한국교회는 주님께서 재림하시는 그 날까지 깨어서 승리함으로 칭찬받는 교회가 되기를 소원한다.

▶ 학습 후 질문

1. 주님께서 이단(거짓 그리스도, 거짓 선지자, 거짓교사)에 대하여 어떻게 경고하셨습니까? (마24:23-25)

2. 바울은 이단에 대하여 어떻게 경고했습니까?  (행20:29-31 ; 갈1:6-9)

3. 베드로는 이단에 대하여 어떻게 경고했습니까? (벧후2: 1-3)

4. 요한은 이단에 대하여 어떻게 경고했습니까? (요일2:18 ; 요이1:7)

5. 유다는 이단에 대하여 어떻게 경고했습니까? (유1:3,4)

6. 요한계시록은 이단에 대하여 어떻게 경고하고 있습니까? (계22:18,19)

7. 예수님과 사도들이 이와같이 이단에 대하여 경고하는 이유는 무엇입니까?

8. 주변에 사랑하는 성도, 이웃, 내 가족이 미혹을 받고 있을때 어떻게 해야 하는가? (약5:19,20)

9. 그러면, 교회는 성도들에게 "이단의 경각심"을 갖도록 어떤 교육을 하고 있습니까?

# 제5과  이단의 원조

이단(異端)의 역사는 창세기 3장의 뱀(사단)의 역사로서

지금도 동일(同一)하게 활동한다.

# 1. 이단의 원조(元祖) (창3장 / 고후11장)

   바울은 소위 이단(異端), "다른 복음", "다른 예수"를 전하며 "다른 영"을 받게 하는 자들에 대하여 경계하면서, 창세기 3장에 등장하는 뱀(사단)을 언급하고 있다. "뱀이 그 간계로 이와를 미혹케 한 것 같이 너희 마음이...부패할까 두려워 하노라"(고후11:3), 이것은  무엇을 의미 하는 가? 그것은 지금 성도들을 미혹하고 있는 "이단의 역사"는 창세기 3장에서 뱀(사단)이 하와를 미혹했던 것과 "동일한 역사"라는 것이다. 그러므로 작금(昨今)의 모든 이단들의 원조 (元祖)는 창세기 3장에 등장하는 뱀(사단)인 것을 알 수 있다. 그러므로 이단들이 하고자 하는 일을 알고자 하면, 창세기3장의 뱀(사단)이 했던 일을 보면 정확히 알 수 있다. 뱀(사단)은 아 담과 하와로 하여금 선악과를 먹게 하였다. 그들을 타락시켰다. 그들로 하여금 하나님을 배 반, 거역하도록 하였다. 결과적으로 그들을 에덴동산에서 쫓겨나게 만들었고, 서로 원망하 며 미워하게 하였으며, 최후에는 죽음에 이르도록 하였다. 사단은 하나님께서 허락하신 생 명(生命) 을 빼앗고 인간을 파멸의 길로 인도했던 것이다.

## ▶ 관련 성경본문

▶ **창 3:1-4절**   여호와 하나님의 지으신 들짐승 중에 **뱀이 가장 간교하더라 뱀이 여자에게 물어 가로되** 하나님이 참으로 너희더러 동산 모든 나무의 실과를 먹지 말라 하시더냐 / 2) 여자가 뱀에 게 말하되 동산 나무의 실과를 우리가 먹을 수 있으나 / 3) 동산 중앙에 있는 나무의 실과는 하나님의 말씀에 너희는 먹지도 말고 만지지도 말라 너희가 죽을까하노라 하셨느니라 / 4) **뱀이 여자에게 이르되 너희가 결코 죽지 아니하리라**

▶ **마 12:34절**   **독사의 자식들아** 너희는 악하니 어떻게 선한 말을 할 수 있느냐 이는 마음에 가득한 것을 입 으로 말함이라

▶ **마 23:13절**   화 있을진저 외식하는 서기관들과 바리새인들이여 너희는 **천국 문을** 사람들 앞에서   닫고 너희도 들어가지 않고 **들어가려 하는 자도 들어가지 못하게** 하는도다

▶ **고후 11:3,4절**  **뱀이 그 간계로 이와를 미혹케 한 것 같이** 너희 마음이 그리스도를 향하는 진실함과 깨끗함 에서 떠나 부패할까 두려워하노라 / 4) 만일 누가 가서 우리의 전파하지 아니한 **다른 예수**를 전파하거나 혹 너희의 받지 아니한 **다른 영**을 받게 하거나 혹 너희의 받지 아니한 **다른 복음** 을 받게할 때에는 너희가 잘 용납하는구나

# 2. 사단(뱀)의 미혹 방법

창세기 3장에서 뱀(사단)이 인류의 첫 사람 아담과 하와를 미혹했던 방법을 살펴보면, 오늘날 이단(異端)들이 사람들을 미혹할 때 사용하는 방법을 이해 할 수 있다. 사단은 이전이나 지금이나 동일한 방법으로 사람들을 미혹하고 있다. 이것은 "이단(異端)의 역사"는 "사단의 역사" 이며 그 사단은 지금도 동일한 방법으로 성도들을 미혹하고 있음을 알 수 있는 것이다. 그 렇다면 창세기 3장에서 뱀(사단)이 아담과 하와를 타락시킨 방법은 무엇이었는가?, 그것 은 바로 "하나님의 말씀을 변질"시키는 것이었다. 하나님의 말씀에 더하거나 빼는 방식으 로 하나님의 말씀을 변질시키고, 결국 하나님의 말씀이 아닌 거짓 것(사단의 말)을 믿게 하여 타락시켰던 것이다.

하나님께서 에덴동산의 아담과 하와에게 그들이 명심하고 순종해야 할 유일한 계명을 말씀하셨다(창2:16,17). 이것은 그들의 생명(生命)과 직결되는 것이었다. 왜냐하면 불순종할 시에는 "정령 죽음을 당하리라"고 경고하셨기 때문이다. 이때 아담과 하와에게 주신 말씀 은 너무 단순하고 심플하였다. 그들에게 주신 말씀은 모두 47자(字)(개역성경) 밖에 되지 않았 다. 그런데 뱀이 다가와 그 말씀에 더하거나 빼는 방식으로 하와를 미혹하였다. 사단은 "각 종 나무의 실과"(창2:16)이라는 말을, 교묘하게 "모든 나무의 실과"(창3:1) 라는 단어로 바꾸어 질문하였다(창3:1). 또한 "정령(surely) 죽으리라"(창2:17)고 하신 말씀을 빼고, "결코 죽지 아 니(not surely) 하리라"(창3:4)는 말로 바꾸어 버렸다. (개역성경 경우, 하나님의 말씀은 47자(字)인데 / 사단은 81자(字) 172%, 하와는 65자(字), 138 % 말함으로 결과적으로 말씀을 변질시켰다)

> ▶ **관련 성경본문**

▶ **창2:16,17절**   여호와 하나님이 그 사람에게 명하여 가라사대 동산 각종 나무의 실과는 네가 임의로 먹되 / 17) 선악을 알게 하는 나무의 실과는 먹지 말라 네가 먹는 날에는 정녕 죽으리라 하시니라. 〈 모두 47자(字) 이다 〉

▶ **창3:1-4절**   여호와 하나님의 지으신 들짐승 중에 뱀이 가장 간교하더라 뱀이 여자에게 물어 가로되 하나 님이 참으로 너희더러 동산 모든 나무의 실과를 먹지 말라 하시더냐 / 2) 여자가 뱀에게 말하 되 동산 나무의 실과를 우리가 먹을 수 있으나 / 3) 동산 중앙에 있는 나무의 실과는 하나님의 말씀에 너희는 먹지도 말고 만지지도 말라 너희가 죽을까 하노라 하셨느니라 / 4) 뱀이 여자 에게 이르되 너희가 결코 죽지 아니하리라

# 3. 사단(뱀), 이단과 동일한 미혹 방법

첫 사람 아담과 하와의 타락 후 하나님께서는 다시한번 인류가 구원을 얻을 수 있는 길을 허락하셨다. 우리는 앞서 1과에서 "성경기록의 목적"과 "성경의 주인공" 그리고 타락한 인류를 구원하시는 하나님의 "구원의 방법"을 살펴 보았는데 그것은 "여자의 후손"(창3:15)으로 오신 하나님의 아들 예수그리스도를 믿음으로 말미암은 구원이다(행16:31). 사단은 다시한번 동일한 방법으로 이 구원을 빼앗으려 한다. 사단은 1) 먼저 다가왔다. 2) 말씀을 질문한다. 3) 말씀에 바로 서지 못한것을 확인한다. 4) 거짓 것을 믿게한다. 5) 타락시킨다. 6) 영원한 생명을 빼앗는다. 특별히 주의 해야 할 것은 사단이 미혹할 때에 창세기 3장의 경우처럼 철저히 하나님의 말씀, 성경적인 용어(用語)를 사용 한다는 것이다. ( "하나님", "동산의 나무", "실과", "먹다" "죽다" 등의 용어사용)

이와같은 방식은 오늘날에도 동일하다. 모든 이단들은 성경(聖經)을 사용한다. 성경의 용어(用語)를 사용한다. 그러나 성경의 가장 중요한 것, 우리에게 생명을 주시는 것, 길과 진리요 생명되시는 하나님의 아들 예수그리스도를 부인한다. 믿음으로 인한 구원(이신칭의)을 부인한다. 이들은 성경을 자의적(恣意的)으로 해석하여 사람들을 미혹하고, 거짓 것을 믿게 함으로 하나님이 허락하신 영원한 생명을 빼앗는다. ( 에덴동산에서 주신 말씀은 47자(字)인 반면, 완결된 성경은 1.189장의 30.993절 이다. 이단은 얼마나 많은 말들을 가감하겠는가? ).

## ▶ 관련 성경본문

▶ **행 15:23,24절** 그 편에 편지를 부쳐 이르되 사도와 장로된 형제들은 안디옥과 수리아와 길리기아에 있는 이방인 형제들에게 문안하노라 / 24) 들은즉 우리 가운데서 **어떤 사람들이 우리의 시킨 것도 없이 나가서 말로 너희를 괴롭게 하고** 마음을 혹하게 한다 하기로

▶ **고후 11:3,4절** 뱀이 그 간계로 이와를 미혹케 한 것 같이 너희 마음이 그리스도를 향하는 진실함과 깨끗함에서 떠나 부패할까 두려워하노라 / 4) 만일 누가 가서 우리의 전파하지 아니한 **다른 예수**를 전파하거나 혹 너희의 받지 아니한 **다른 영**을 받게 하거나 혹 너희의 받지 아니한 **다른 복음**을 받게할 때에는 너희가 잘 용납하는구나

▶ **유 1 : 4절** 이는 **가만히 들어온 사람 몇이 있음이라** 저희는 옛적부터 이 판결을 받기로 미리 기록된 자니 경건치아니하여 **우리하나님의은혜를 도리어색욕거리로** 바꾸고홀로하나이신주재 곧 **우리 주 예수 그리스도를 부인하는** 자니라

# 4. 사단(뱀), 이단의 최후

사단은 하나님의 주권 아래서 한 시적으로 활동하고 있는 존재이다. 그러나 그 운명(運命) ,최후는 이미 정해져 있다. 창세기 3장에서 예언하신 "여자의 후손, 예수 그리스도께서 오셔서 십자가에 죽으시고 부활하심으로 말미암아 사단의 머리(권세,능력)를 박살내셨다(눅10:18,19). 사단은 예수 그리스도의 이름 앞에 그 모든 무장(武裝)이 해제되었다. 성도들은 예수 그리스도를 믿음으로 하나님의 자녀된 권세를 얻으며 사단과의 전투(戰鬪)에서 승리한다. 그럼에도 불구하고 사단은 그리스도의 재림이 가까이 올 수록 "우는 사자 같이 두루다니며 삼킬자"를 찾고 있다(벧전5:8). 마태복음 24장에 "많은 적그리스도"가 "많은 사람을 미혹하리라"고 예언하고 있다. 그러나 사단과 그의 추종자들(거짓그리스도, 거짓선지자, 거짓교사, 이들의 추종자) 의 운명, 최후는 이미 정해져 있으니, 그것은 영원히 산 채로 던져지는 "불"과 "유황 못"이다(계19:20; 20:10).

## ▶ 관련 성경본문

▶ **창 3 : 15절**    내가 너로 여자와 원수가 되게 하고 너의 후손도 여자의 후손과 원수가 되게 하리니 **여자의 후손은 네 머리를 상하게** 할 것이요 너는 그의 발꿈치를 상하게 할 것이니라 하시

▶ **마 12:31-34절**  그러므로 내가 너희에게 이르노니 사람의 모든 죄와 훼방은 사하심을 얻되 **성령을 훼방하는 것은 사하심을 얻지 못하겠고** / 32) 또 누구든지 말로 인자를 거역하면 사하심을 얻되 누구든지 말로 **성령을 거역하면 이 세상과 오는 세상에도 사하심을 얻지 못하리라** // 34) **독사의 자식들아** 너희는 악하니 어떻게 선한 말을 할 수 있느냐 이는 마음에 가득한 것을 입으로 말함이라

▶ **계 19:20절**    짐승이 잡히고 그 앞에서 이적을 행하던 **거짓 선지자도 함께 잡혔으니** 이는 짐승의 표를 받고 그의 우상에게 경배하던 자들을 **이적으로 미혹하던 자라** 이 둘이 **산 채로 유황불 붙는 못**에 던지우고

▶ **계 20:1-3,10절** 또 내가 보매 천사가 무저갱의 열쇠와 큰 쇠사슬을 그의 손에 가지고 하늘로부터 내려와서 / 2) **용을 잡으니 곧 옛 뱀이요 마귀요 사탄이라** 잡아서 천 년 동안 결박하여 / 3) 무저갱에 던져 넣어 잠그고 그 위에 인봉하여 천 년이 차도록 다시는 만국을 미혹하지 못하게 하였는데 그 후에는 반드시 잠깐 놓이리라 //10) 또 저희를 **미혹하는 마귀가 불과 유황 못에 던지우니** 거기는 그 짐승과 거짓 선지자도 있어 세세토록 밤낮 괴로움을 받으리라

▶ 학습 후 질문

1. 성경에 등장하는 "이단의 원조(元祖)", "시조(始祖)" 는 누구입니까? (창3:1-5)

2. 에덴동산의 사단이 아담과 하와를 타락시켰던 방법은 무엇입니까? (창3:1-5)

3. 하나님은 에덴동산의 아담과 하와에게 무엇이라고 명령하셨습니까? (창2:16,17)

4. 사단은 아담과 하와에게 뭐라고 미혹했습니까? (창3:4)

5. 아담과 하와가 사단에게 미혹되었던 궁극적인 이유는 무엇입니까? (창 2: 1-3)

6. 오늘날 이단들은 어떤 방법으로 사람(성도)들을 미혹하고 있습니까? (고후11:3,4 ; 유1:4)

7. 사단(이단)의 결말(거짓 그리스도, 거짓선지자, 거짓교사)은 무엇입니까? (계19:20 ; 계20:1-3)

# 제6과   이단의 계보(한국교회 자생이단)

한국 교회 안의 이단들, 이들에게는 족보(계보)가 있다.

# < 한국교회 자생(自生)이단 계보도 >

국내 주요 교단들의 이단 및 사이비 결의 현황, p.211

# 1. 김성도 권사 (1882-1944)/ 새주파, [직통계시자 / 최초의『원죄음란론』주장]

김성도(평북철산)는 실제적인 한국교회 이단(異端)의 뿌리이다. 1882.7.1(음)에 태어난 김성도는 17살때 자신보다 27살 많은 정항준에게 세째 부인(씨받이)으로 들어간다. 혹독한 시집살이와 첫째 아들의 죽음, 둘째 아들을 출산뒤 정신이상 병이든다. 교회에 출석한뒤 정신병을 치료받는 경험을 한다. 또한 둘째 아들 정석천의 병을 기도로 치유받는 체험한다. 이를 경험으로 김성도는 매일같이 금식기도, 철야기도에 매진 한다. 그러던 가운데 1923월4월2일(음)과 열흘 뒤인 4월12일(음) 두 번에 걸쳐 주님께 직통 계시를 받는다. 그녀가 받는 계시는 아래와 같다.

## ▶ 김성도의 주장 & 행적

1) 최초의『원죄 음란론』『혈통적 타락론』주장.

2) 죄의 뿌리는 음란이다.

3) 예수님의 십자가의 죽음은 실패한 죽음이다.

4) 하나님은 두 가지 큰 슬픔이 계시다. (첫째, 아담의 타락, 둘째, 실패한 십자가 죽음)

5) 재림 주는 구름을 타고 오는 것이 아닌 여인(女人)의 몸에서 온다.

6) 주님의 재림 장소는 대한민국(大韓民國) 땅 이다.

## ▶ 김성도의 직통계시

김성도가 1923년4월 2일과 12일에 받은 계시는 첫째, 죄의 뿌리는 음란이라는 것, 둘째, 재림 주님이 육신을 쓴 인간으로 한반도에 온다는 것 등 여러가지 내용이었다. 또한 주님으로 부터 "때가 급하니 속히 세상에 알리어라"는 계시를 받고 담임목사에게 말하니, 사단의 역사이니 자제하라는 권면을 받는다. 이후 김성도가 신령하다는 소식을 듣고 많은 사람들이 모이기 시작하였고 1925년 장로 교단의 출교처분을 받는다. 또한 1931년 2월 김성도의 딸에게 "새 주님이 나타났으니 회개하지 않으면 안된다" 라는 계시가 임했다. 당시 사방에서 많은 환자들이 모였고 그들을 위하여 기도하면, 즉석에서 감동되어 권사라는 호칭을 쓰지않고 "새 주님"이라 불렀다. 사람들이 모이면 "역사, 역사, 새 주님의 역사!" 하며 진주문에 들어가서 새 주님을 만나자고 난리였다고 전해진다.

## 2. 백남주 (1901-1948)함남 / [ 직통계시자 / 최초의 『삼시대론』 주장]

백남주는 평양장로교 신학교를 졸업(1930.3.12)하였다. 백남주는 김성도의 신령함의 소문을 듣고 1932년 철산을  방문하여 그의 제자가 된다. 백남주는 또한 유명화(강신녀)의 신탁에 의하여 1933년 기성교회와는 다른 『예수교회』를 세우고 "새 생명의 길"을 선포한다. 내용은 삼시대론(구약,신약,새생명시대)을 주장하고, 새 시대가 되었으니 새 말씀, 새 구원자가 있다는 내용이다. 또한 『원산신학원』,"예수지(紙)"를 창간한다. 여기의 편집 실무자인 김정일이라는 처녀와 "천국 혼인잔치", "거룩한 성교"라는 미명 아래 관계를 맺는다. 당시 아내였던 한인자씨는 40일 금식중 죽게되고, 바로 두 달 뒤 이미 아이를 임신한 김정일과 결혼한다. 처녀를 임신케 한 이 사건이 문제가 되어 백남주는 『원산신학원』과 『예수교회』를 떠나게 된다.

### ▶ 백남주의 주장 & 행적

1) 최초의 『삼 시대론』 주장

2) 구약시대(제1시대) - 신약시대(제2시대) - 새 생명시대(제3시대)

3) 원산신학원 설립 , 예수교회 설립,  예수지(紙)창간

4)『원죄 음란론』의 『성혈 의식』을 목회 현장에서 실행한 인물

5)" 신구약 66권 만이 성경이라는 고집을 버리라" (주장)

### ▶ 백남주의 직통계시

백남주의 주변에는 신비주의 직통계시자들이 많았다. 김성도 뿐만 아니라 유명화(신내림)도 있었는데, 유명화에게 계시가 내려 "백남준, 한준명, 박승걸"이 1933년 "새 교회"를 세울 것이라고 예언하였다. 1933년 1월 3일 새벽 모든 성도들이 흰 옷을 입고 자택에 모여 기도한던 중 유명화에게 또 성령이 내려 영계를 봤다고 주장하며, 『예수교회』를 공포한다.  백남주 자신도 여러 직통계시를 받는다. 『새 생명의 길』 소 책자에 기록된 내용을 보면  "주여! 당신께서 육체로 세상에 계신 기록이 너무 적고 희미 하오니 좀 자세히 가르쳐 줍소서!, 알고 싶으냐? "나는 마리아의 피 한 방울도 받지 않았다"라고 하였고, "마리아는 23세에 나를 잉태", "1월 3일에 탄생", "요셉은 내가 14세에 죽었고", "부활은 4월 14일에 하였다." 라고 기록하였다.

## 3. 김백문 (1917-1990)경북 / [ 직통계시자 / 『기독교 근본원리』, 저술 ]

김백문은 대구의학 전문학교 출신이다. 그는 1934년 가을, "원산 신학원"에서 백남주를 만나 그의 제자가 되었으며, 백남주와 함께 김성도의 『새주파』에 합류하게 된다. 그의 주변에는 김성도를 비롯하여, 백남주, 유명화(강신녀),이용도등 신비주의에 빠진 교주들이 많이 있었고 그들의 영향을 받게 되었다. 그는 "신령(神靈) 역사의 이론적 뒷 받침이 있어야 한다는 신념"을 가지고 있었으며 1940년 4월 조선신학교에 입학한다.  그는 김성도의 "원죄 음란설"을 교리적으로 체계화하여 『기독교 근본원리』를 저술한다. 이로서 김백문은 이단들이 주장하는 "성적타락론"을 교리적으로 발전 체계화 시킨 인물되었다. (p 478, 성적타락 증거 / p485, 뱀과의 성관계)

### ▶ 백남주의 주장 & 행적

1) 『기독교 근본원리』저술 ("원죄 음란론" 체계적 교리 정립)

2) 『이스라엘 수도원』설립 (1943년, 파주군 임진면 섭절리)

3) 선악과를 따먹은 것은 식물성 열매가 아닌 아담과 하와의 성(性)관계이다.

4) 최초의 성관계는 타락한 천사, 사단(뱀)과 하와의 성(性)관계이다. (p485)

5) 심시대론 주장(싱부시대- 성자시대- 성악시대)

### ▶ 김백문의 직통계시

김백문은 "1937년경 주께서 나를 이끌고 내가 할 사명과 앞날의 역사가 기독교의 난제 문제들을 가르쳐 주던 역사가 있었다"고 주장한다. 또 "1946년 3월 1일 오전 11시20분 내지 30분경 예수님의 탄생일은 1월3일(백남주 생일)" 이라는 말씀을 듣게 되었다. 또한 "1946년 3월 2일 정오쯤 경기도 산골에서 예배를 보는데 흰 옷 입은 예수께서 그곳에 나타나셨고 그 날에 하늘이 열리고 재림(再臨)이 실현되었다."고 주장하였다. 그래서 그 날을 "개천일"로 기념하였다. 김백문은 이런 직통계시를 통하여 주님의 재림(再臨)이 새 시대에 실현되었음을 선포하고 "신이 사람이 되어 오심을 내가 믿고 예수의 죽으심을 내가 받아 예수의 부활은 성신과 신부로서 재림의 새 세계를 사람으로 이루실 바 복귀의 시작임을 내가 믿사오며"라는 고백을 신조1로 삼아 새 시대(성약시대)가 도래했음을 공포하였다.

## 4. 문선명 (1920-2012) 평북 / [ 직통계시자 / 『원리강론』 1966년 저서 ]

1946년 문선명은 박태선과 함께 김백문의 『이스라엘 수도원』에서 6개월 동안 원리교육을 받았다. 그는 1954년 『세계평화통일신령협회』를 열고 포교활동을 시작한다. 김성도의 피가름 교리를 시행함으로 사람들의 신고로 1948년 2월 2일에 체포 5년 형을 선고받는다. 또한 1955년 이화여대 교수 5인과 재학생 70여명이 통일교로 개종한 것이 드러나 1955년 3월 27일 교수 5명이 파면, 5월11일에는 재학생 14명이 퇴학당하는 사건이 발생했다. 사회적으로 "피가름 교리"가 큰 물의를 일으키자, 문선명은 이것을 하나의 종교의식으로 "합동결혼식"을 만들었다. 문선명은 자신과 부인 한 학자를 인류의 참 부모이며, 자신은 재림 주 메시야라고 주장한다.

### ▶ 문선명의 주장 & 행적

1) 『원리강론』 저술

2) 『원죄 음란론』, 『혈통 타락론』 주장 / (미완성기의 하와와 아담의 타락)

3) 삼시대론 주장. < 구약시대(소생기,유대교) - 신약시대(장성기,기독교) - 성약시대(완성기, 통일교) >

4) 주님의 십자가는 실패한 십자가이다. / 삼위일체 부정

5) 세례요한은 배도자이다. < 최초주장 >

6) 재림주는 여인의 몸에서 출생(出生)한다.

### ▶ 문선명의 직통계시

문선명씨의 주장에 의하면, 16세 되던 부활절 아침(1935년 4월 17일) 산에서 기도하던 중 주님께 계시를 받았다" 내가 하지 못한 사역을 너를 통해 완성할 것이다"라는 주님이 미처 하지 못하신 인류의 구원을 자신(문선명)에게 부탁한다는 소명(召命)이었다. 문선명의 『원리강론』(1966년)에 의하면, 예수님은 "하나님 자신이 될 수는 없다"라고 주장한다(삼위일체부정). 또한 주님께서 십자가에 죽으심으로, 그의 육신(肉身)이 사탄의 침범을 당하게 되었으므로 "육적 구원의 섭리의 목적"은 달성하지 못하였고 다만, "영적 구원의 기대만 완성하셨다"고 주장한다. 또한, 예수 그리스도의 대속의 한계는 "원죄(原罪)를 사하지 못했다는 것"이며, 새 진리로 이것을 해결해야 한다고 주장한다.

# 5. 박태선 (1917-1990) 평북 / [ 환상과 직통계시자 / 전도관, 천부교 ]

　　박태선은 일본에서 귀국(1944년) 남대문 교회에 출석하던 중 1946년 초부터 6개월간 통일교의 문선명과 김백문의 『이스라엘 수도원』에서 원리교육을 받았다. 특별한 환상 체험후 사람들의 병을 치유하는 역사가 나타나게 되었다. 이에 기성교단에서 탈퇴하고 1955년 『전도관』(한국예수교 전도관 부흥협회)을 만들어 기성교회를 신랄히 비판하며, 전국적인 부흥회를 인도하게 된다. 1980년 『한국천부교 전도관 부흥협회』로 이름을 변경하고. 자신을 하나님, 하늘의 아버지라는 "천부"(天夫)라고 선포한다. 뿐만아니라 "성경의 98%는 거짓말"이라는 주장과 함께 입에 담을 수 없는 신성모독적인 언행을 하다가, 1990.2.7일 지병과 노환으로 서울 백병원에서 사망한다. ( 참고, 세계일보 1957.4.10일, 혼음고발 사건 )

## ▶ 박태선의 주장 & 행적

　1) 1955년 전도관(한국 전도관 부흥협회) 창립

　2) 1957년 신앙촌 건립(소사신앙촌) / 제2신앙촌(덕소), 제3신앙촌(기장), 100만명 입주

　3) 혼음고발 사건(세계일보, 1957.4.10)

　4) 피가름(혈대교환, 영체교환) 주장 / 생수교리

　5) 성경의 98% 거짓말이다. 다 불살라 버려야 한다. (주장)

　6) 자칭, "감람나무","동방의 의인", "이긴자", "불의 사자","영모님", "천부" 주장

## ▶ 박태선의 직통계시

　　박태선은 1950년 6.25 전쟁 당시 피난 가지 못하고 그 무더운 여름 구들장 밑에서 20여 일을 숨어있는 동안 '하늘로 부터 오는 생수'를 마시는 체험을 하게 되었다. 그의 코와 입으로 시원한 생수가 흘러들어 왔고 그 순간 주님과 사귀는 영교를 멈출 수 없었다고 한다. 1951년 1.4 후퇴 후 평택에서 피난 생활 중 자신의 피가 소변으로 다 빠져나가고 대신 예수님의 피로 채워지는 "성혈전수"의 환상을 보았다고 주장한다. "마지막 피가 다 빠져나간 후에 때가 낮인데 주님께서 나타나시었다. 피 흘리는 주님이 나에게 말씀하시기를 '내 피를 마시라' 하시며 그 피를 내 입에 넣어 주시어서 내 심장 속에 정한 주님의 보혈을 흘려주셨다". 당시 박태선의 혼음사건(세계일보 1957.4.10)은 사회적인 큰 물의를 일으켰다.

# 6. 유재열 (1949년) 충북 청주 / [ 직통계시자 / 장막성전 ]

유재열의 모친 신종순은 김종규의『호생기도원』(1964년)에서 중국어 방언을 받고 그의 열성 신도가 되었으며, 방언을 받고 싶어했던 유재열도 함께 출석하게 되었다. 당시 김종규는 "말세 비밀교리"를 강조하였으며, 성도들은 그를 "주님"이라 호칭하였다. 1966년 유재열은 김종규가 여성도들을 혼음하는 것을 목도하고, 아버지 유인구씨, 함께 나온 27명과 증거장막 성전(경기도 안양시 청계산)을 짓는다. 장막성전에서 유재열은 "어린 종"이라고 불리웠으며(18세). 조직은 7천사- 12전도사- 24장로 - 48집사- 72문도 - 144,000 순 이었다. 유재열이 주장했던 1969년 10월1일 종말론(말세 불바다심판)이 불발되자 신도들의 여러가지로 고발(사기,도벌,임금착취등)하였고, 유재열은 결국 1975년 9월 구속되었다(27세). (참고, 동아일보 1975.4.3일 / 1975.9.6일 기사)

## ▶ 유재열의 주장 & 행적

1) 1966. 4 증거장막 성전 건축 ( 연건평 800여평 성전과 호화주택)

2) **성경의 주술적 해석** ( 동역자 7사람이 7천사이며, 세상을 심판한다. 주장)

3) 종말론 주장 ( 1969.10월 / 한때 두때 반때, 1460일, 3년 6개월 후)

4) 144,000 교리 주장

5) 재림전의 "추수꾼"을 먼저 보낸다.

6) 자칭 ) 감람나무순, 천사, 선지자, 군왕 주장

## ▶ 유재열의 직통계시

유재열은 자신이 특별한 계시를 받은 것을 다음과 같이 주장한다. "1966년 3월 1일 우물가에서 몸을 씻고 있었는데, 갑자기 태양빛이 강하게 비추는 것을 보게 되었다. 이 모습을 함께 있었던 27명이 함께 보았다. 몸을 씻다 말고 방으로 들어왔는데 햇빛이 꾸물 꾸물 따라들어와 쓰러졌다. 이때 환상 가운데 두루마리를 계속 먹고 나서, 테잎프 같은 것(오디오 테잎)을 입속에서 끄집어 내는 환상을 보았다" 유재열은 이때 부터 유창한 설교가 입속에서 터져 나왔다고 주장한다. 유재열은 장막성전을 짓고, 기성교회를 비판하며, 자신을 "감람나무순", "천사", "선지자", "군왕"이라고 부르면서, "자신의 말에 순종하는 자는 세상의 종말(終末)이 와도 죽지 않고 영생(永生)을 얻을 수 있다"고 포교하였다.

# 7. 구인회 (1942-1976) / [직통계시자 / 천국복음 전도회]

구인회씨는 박태선의 『전도관』(1958년-1968년)에서 10년, 유재열의 『장막성전』(1968년-1971년)에서 3년여의 신앙생활을 한다. 그러던 중 1971년 1월 17일 자신에게 "예수의 영"이 임하는 체험과 계시를 받은 뒤, 『천국복음전도회』를 만들어 자신을 "진짜 재림예수"라고 주장한다. 그는 특히 일간지(선데이서울 1975.5월 / 주간경향 1975.8 등), 광고지(紙)등을 통하여 자신이 "진짜 재림예수"임을 대대적으로 홍보하였으며, 이에 지교가 43곳이 세워지고, 5,000여 명의 사람들이 따르게 된다. 구인회씨의 사이비적 종교행각은 여러가지 사회문제를 일으켰고, 1976년 당국의 "사이비종교 일제 단속 기간"에 걸려, "상습사기","미성년자와 혼음" 등으로 서대문 교도소에 수감(1976.1.10)된다. 수감된 후 서대문 교도소에서 19일 만에 죽는다. (참고, 동아일보 1976.2.11일, 금품사취, 미성년과 혼음, 구속)

## ▶ 구인회의 주장 & 행적

1) 1958년 12월 24일 박태선의 전도관(소사 신앙촌)에 입소(10년)

2) 1968년 2월(27세) 유재열의 과천 장막성전에 입소

3) 1971년 1월 17일(30세) 초림 예수의 영이 임했다. (주장)

4) 1974.11.1(음)『천국복음 전도회』를 설립

5) 자신이 진짜 재림 예수이다.주장 (1975.8 주간경향 / 동아일보 7면, 1976.2.11 구속 )

6)『새 하늘과 새 땅 지상 천국은 재림예수 교회에서 이루어진다』, 교리책

## ▶ 구인회의 직통계시

구인회는 16세(1958년 12월) 되는 어느 날, "사랑하는 내 아들아 너는 신앙촌으로 들어가라"는 계시를 받고 1958년 12월 24일 박태선의 『신앙촌』에 입소하여 10년 동안 생활한다. 또한 1968년 2월 어느날 새벽, "사랑하는 내 아들아 네가 재림 예수이므로 과천에 들어가 일곱 천사에 대하여 이루어지는 말씀을 알아야 한다. 과천에 들어가서 일곱 천사가 행하는 것을 살펴보라"는 계시를 받고 유재열의 『장막성전』에 입소한다. 그러던 중 1971년 1월 17일 새벽 4시경에 "사랑하는 내 아들아 이제 만민의 경배를 받으라"는 음성과 함께 신구약 66권을 20분 동안 받게된다. 이때부터 구인회는 비유와, 비사, 상징과 그림자로 되어 있는 모든 성경을 짝과 짝을 찾아 오묘한 진리의 말씀을 풀이 한다.(그의 책p100)

## 8. 이만희 (1931.9.15. 경북청도) / [직통계시자 / 신천지 예수교 증거장막 성전]

이만희씨는 1957년(27세)에 박태선의『전도관』에 입소하여 1967년 에 퇴소한다(10년). 1967년 유재열의『장막성전』에 입소하여 1984.3.14일『신천지 예수교 증거장막성전』을 설립한다. 그는 제대로 정통교회를 다니거나 성경을 공부해 본 경험이 없다. 다만, 정통교회로 부터 이단정죄를 받은『박태선의 전도관』(10년),『유재열의 장막성전』에서 신천지를 설립하기까지 수년동안 이단교리에 잔뼈가 굵은 사람이다. 그러므로 이만희씨가 주장하는 교리를 보면, 모두 선배이단들(박태선, 유재열, 구인회)의 교리를 그대로 답습한 것임을 알 수 있다. "이긴자", "감람나무", "보혜사", "두 증인", "재림예수"등 자신을 신격화 하는 것이나, 성경해석에 있어서"비유풀이", "짝풀이", "실상풀이" 등의 비성경적인 주장도 동일(同一)하다.

### ▶ 이만희의 주장 & 행적

1) 1957년(27세)『박태선의 전도관』에 입교

2) 1967년(37세)『유재열의 장막성전』에 입교

3) 1984.3.14(54세)『신천지 예수교 증거장막성전』설립

4) 자칭) "보혜사", "이긴자", "두 증인", "요한격 목자", "언약의 목자", "약속의 목자"등

5) 성경의 "비유풀이", "짝풀이" "실상풀이" 주장

6) "이중 아담론", "시대별구원자""삼시대론"" 세례요한 배도자" 등 주장

### ▶ 이만희씨의 직통계시

이만희씨가 1957년(27세)에 " 성령으로 부터 환상과 이적과 계시에 따라 전도관에 입소한다. 또한 1967년(37세)에 "성령의 계시에 이끌려" 유재열의 장막성전에 입소한다. 1984년 "하나님의 뜻과 계시에 따라 신천지를 창설하고 새 이스라엘 12지파를 창설" 한다. 이만희씨는 모든 것이 "하나님의 계시", "성령의 계시"임을 주장한다. 자신의 교리적(教理的)인 주장도 직통계시에 의한 것임을 주장한다." 필자가 주님으로 부터 듣고, 보고, 기록한 이 증거가 참인 것은 성경66권을 기록한 선지자들도 필자와 같이 하나님으로 부터 듣고 본 것만을 기록했기 때문"이다. 자신에게 주신 6,000년 동안 감추어져 있던 비밀(계시)이, 오늘날 드디어 "비유풀이"와 "실상계시"로 개봉되는 것이라고 주장한다.

▶ **학습 후 질문**

1. 한국교회 이단족보에 등장하는 인물들의 공통점은 무엇입니까?

2. 한국교회 이단의 뿌리라고 할 수 있는 김성도(여)가 최초로 주장한 교리는 무엇입니까?

3. 김성도의 제자 백남주가 최초로 주장한 교리는 무엇입니까?

4. 백남주의 제자 김백문이 이단교리(원죄음란론)를 체계화 시킨 교리책은 무엇입니까 ?

5. 문 선명씨(통일교)와 박 태선씨(진도관)는 자기 자신을 누구리고 주장히고 있습니끼?

6. 유 재열씨(장막성전)는 자신을 누구라고 주장했습니까?

7. 이만희씨(신천지)는 전도관에서 몇 년? 장막성전에서 몇 년? 신앙생활 했습니까?

8. 이단들은 사회적으로 어떤 물의를 일으켰습니까?

9. 이들은 자신을 하나님, 재림주, 보혜사 등 이라고 주장하다가 죽었습니다.
   그들의 주장이 맞습니까?

10. "하나님", "예수님", "성령님"께서 사망하십니까? ( 행3:21; 사9:6 ; 히9:14 : 계1:8)

# 제7과  이단의 공통교리 (10가지)

이단들은 직통계시를 받거나, 성경 외에 다른 책(교리)을 가지고 있거나 성경을 인용해도 "다른예수", "다른복음", "다른교리"를 주장한다. 최종적으로 그들은 "구원의 길"을 바꾸어 버린다.

# 이단공통교리 ( Contents )

# 1. 이중 아담론

( 아담 전에 이미 수 많은 사람들이 살고 있었다. 주장 )

## 36년전 내 친구 준열이 이야기

교회에 열심히 다니며 함께 신앙생활을 하던 준열이라는 친구가 있었다. 이 친구는 성실하고 공부도 아주 잘하는 똑똑한 친구였다. 1982년 중학교를 졸업할 즈음 어느 주일 날, 오전 예배를 마치고 집에 돌아가는 길에 느닷없이 내 친구 준열이는 나에게 이와같은 이야기를 꺼냈다.

ㅇㅇ아!, "너 성경도 목사님의 말씀도 잘못되었다는것 알아?"

" 아니!", "갑자기 그게 무슨 소리야?"

" 다 잘못된 말이야!" " 목사님이 아담이 '첫 사람'이라고 했잖아?

"그래, 맞아!,

" 거짓말이야, 다 잘못 된거야",

"왜?", "그럼, 뭐야? "

" 하나님께서 처음에 아담과 하와를 창조하셨잖아!,"

" 그리고 가인과 아벨을 낳았잖아!".... "그런데 가인이 아벨을 죽였잖아!" ..
" 그래서 지구에 세 사람 밖에 없었잖아". ...생략... 그런데 어떤 사람들을 만나잖아!!!
그래서, "아담은 첫 사람이 아니었던 거야!" "아담 이전에도 사람들이 있었던 거야!"

" 그래? (침묵) ..... "

내가 이단을 연구하기 전에 까마득하게 잊고 있었던 지나간 이야기이다. 이단을 연구하기 시작했을때 한국 교회의 자생 이단들은 하나같이 **"아담전에 사람이 있었다"**는 **"이중아담론"**을 주장한다는 것을 알게되었다. 그때 불현듯 36년전 내 친구 준열이가 나에게 했던 이야기가 떠올랐다. 그 친구는 창4:14-17절의 내용을 이야기 하면서, "아담 전에 이미 사람들이 있었음"을, 아담이 "최초의 사람"이 아니었음을 주장하였다. 그리고 얼마 지나지 않아 그 친구는 교회를 떠나고 말았다. 한국교회 자생 이단들의 공통교리 "이중아담론!", 내 친구 준열이는 36년 전 도데체 누구에게 그 이야기를 들었던 것일까? **"뿌리깊은 이단교리"**, **"이중 아담론"** 나는 이 교리를 **"이단 교리의 첫 단추"**라고 말하고 싶다.

뿌.리.깊.은.이.단.교.리 - 이.단.교.리.의.첫.단.추

# 1. 이중 아담론이란

하나님께서 태초에 천지를 창조하시고, 6일째 되던 날에 하나님의 모양과 형상을 따라 인간을 창조하셨다(창1:26-28절). 이때 창조된 인간의 남성 시조(始祖)는 "아담"이요, 여성 시조(始祖)는 아담의 갈비뼈로 만들어 주신 "하와"이다. 성경은 여러 본문을 통하여 아담과 하와를 하나님께서 창조하신 인류의 "첫 사람"임을 명백히 밝히고 있다. 그럼에도 불구하고, 어떤 사람들은 성경의 주장과는 달리, "아담과 하와가 인류의 첫 사람이 아니다", "아담 이전에 이미 수 많은 사람들이 살고 있었다"라고 주장한다. 이러한 주장을 "이중 아담론" 이라고 말한다. 이들에 의하면, "아담과 하와는 결코 인류의 "첫 사람", "첫 조상"이 아니며, "아담과 하와 이전에 이미 수 많은 사람들이 존재하고 있었다"라는 주장한다. "아담은 단지 이미 창조되어진 수 많은 사람들 가운데 어떤 한 사람"이라는 것이다. 이들은 자신들의 주장을 창4:14-17절을 근거로 제시한다.

☞ **이중 아담론자들이 주장하는 본문 /** 창4:14-17, 창2:22-24,

▶ 창 4:1-8절  아담이 그 아내 하와와 동침하매 하와가 잉태하여 가인을 낳고 이르되 내가 여호와로 말미암아 득남하였다 하니라 / 2) 그가 또 기인의 아우 아벨을 낳았는데 아벨은 양 치는 자이었고 가인은 농사하는 자이었더라. / 3) 세월이 지난 후에 가인은 땅의 소산으로 제물을 삼아 여호와께 드렸고 / 4) 아벨은 자기도 양의 첫 새끼와 그 기름으로 드렸더니 여호와께서 아벨과 그 제물은 열납하셨으나 // 8) 가인이 그 아우 아벨에게 고하니라 그 후 그들이 들에 있을 때에 **가인이 그 아우 아벨을 쳐죽이니라**

▶ 창 4:14절  주께서 오늘 이 지면에서 나를 쫓아내시온즉 내가 주의 낯을 뵈옵지 못하리니 내가 땅에서 피하며 유리하는 자가 될지라 **무릇 나를 만나는 자가** 나를 죽이겠나이다

▶ 창 4:15절  여호와께서 그에게 이르시되 그렇지 않다 **가인을 죽이는 자는 벌을 칠 배나 받으리라** 하시고 가인에게 표를 주사 **만나는 누구에게든지** 죽임을 면케 하시니라

▶ 창 4:17절  **아내와 동침하니** 그가 잉태하여 에녹을 낳은지라 가인이 성을 쌓고 그 아들의 이름으로 성을 이름하여 에녹이라 하였더라

## ▶ 이중 아담론자들의 주장

　　이중 아담론자들은 창4:14-17절의 말씀을 근거로, 다음과 같이 문제를 제기하며 자신들의 견해를 주장한다.

　1)  창 4:14절의 '**나를 만나는 자**'는 누구인가? ( 지구상에 남아있는 사람이란, 단지 세 사람 뿐인데 ... )

　2)  창 4:17절의 '**아내와 동침하니**' 가인이 아내와 동침을 한다. 이 여인은 누구인가?

　3)  창 2:24절의 '**남자가 부모를 떠나**'라고 했다. 이미 "아담에게 부모가 있었다"는 말이 아닌가?

　　이들의 문제 제기는 다음과 같이 단순하다. 아담과 하와가 하나님께 창조된 첫 사람이다.  이들 부부에서 두 아들이 태어났다. '가인'과 '아벨'이다. 그러면 모두 네 사람이다.  그런데 어느날  두 아들 중에 형 가인이 동생 아벨을 죽였다. 그렇다면, 지금 남아 있는 인류는 몇 사람인가? "아담"과 "하와", 또 "가인" 이렇게 세 사람 외에는 아무도 없을 것이다. 그런데, 도데체, 창 4:14,15절의 "나를 만나는 사람들", "가인을 죽이려는 자"는 누구이며?, 창 4:17절의 "가인의 아내"는 또 누구란 말인가?  그러므로, 누군가를 만난다는 것을 보니  이것은 아담이 '첫 사람'이 아니라는 증거이며, 아담 이전에 이미 사람들이 존재하고 있었던 것임을 증명한다는 것이다. 다만, 고전15:45절에 아담을 '첫 사람'이라고 표현하고 있는 것은 인류의 육체적인 조상으로서의 첫 사람이 아닌, "다른 의미로서의  첫 사람"이라는  것이다.  즉 영적으로 죽어 있는 수 많은 사람들 가운데, "깨어있는 첫 사람", '생령이된 첫 사람', "하나님의 음성을 들은 첫 사람 등"을 의미한다는 것이다. 그러므로 아담은 결코 "육적인 첫 사람"이 아니며, 다만 "그 시대의 '구원자', '언약의 목자', '약속의 목자', '중심인물"로서 첫 사람이었다" 라고 주장하는 것이다.

## ▶ 정통교회의 해석(반증)

　　성경은 성경해석의 원리가 있다.  그것은 성경말씀에 "가감하지 말라"는 것, 또한 "억지로 풀지말라"는 것, "기록한 말씀 밖에 넘어가지 말라'는 것이다. 때로는 이러한 난해하게 보이는 본문(本文)들을 만나기도 한다. 그러나 이러한 본문을 만날때, 독자는 자의적으로 성경 본문을 막 해석하는 것이 아니라, 성경 안에서 본문을 해석해야 한다. "성경안에서 성경을 해석하라" 이것이 정통교회의 성경해석 방법이다(웨스트민스터 신앙고백서 제1장 9항 10항 ).  그렇다면, "아담",  "하와", "첫 사람"에 관련된 다른 성경 본문은 없는가? 그것을 면밀히 살펴 본다면, 그 해답을 찾을 수 있다. 그러면 이에 관련된 다른 성경구절들을 찾아보자.

## ▶ 아담과 하와가 "첫 사람"임을 증거하는 본문들

1) 창1:26-27절, '창조하시되' 히) בָּרָא(바라, 1254) – 무(無)에서 유(有)를 만들다. (cf. 창4:1, 낳다, יָלַד (3205, 알라드)

2) 창1:28절, '생육하고, 번성하여 땅에 충만하라' 히) פָּרָה(6509, 파라), רָבָה(7235, 라바) – 복(福)을 주셨다.

3) 창2:21-23절, '그 갈빗대로 여자를 만드시고', "여자의 기원"을 말씀하셨다.

4) 창2:7절, '흙으로 지으시고', "남자의 기원"을 말씀하셨다.

5) 창3:19절, '흙으로 돌아가라', "죄로 인한 죽음(사망)을 선고하셨다"

6) 창3:20절, 하와라 히) חַוָּה (2332, 하우와) 하였으니 '모든 산 자의 어미가 됨'이라,

7) 고전15:45-47절, '첫 사람 아담은... 땅에서 낫으니', 헬) πρῶτος(4413, 프로토스)– 첫째의, 최고의,

즉, 땅에서 난 "첫 번째 사람"임을 증거하고 있다.

8) 눅3:23-38절, '요셉의 이상은 헬리요....그 이상은 셋, 아담이요, 하나님이시니라' ( 상승족보 )

9) 롬5:12,17절, '한 사람의 범죄로 인하여 사망이' 왔다. ( 죽음의 기원(基源), 아담의 범죄 때문 )

10) 고전15:21,22절, '아담 안에서 모든 사람이 죽은 것 같이', ( 아담으로 인한 죽음, 부활대조 )

위와 같이 성경은 신구약의 여러 본문들을 통하여 "아담과 하와"가 인류의 첫 사람임을 분명히 증거하고 있다. 그럼에도 불구하고 단순히 창4:14-17절의 본문을 근거로, "아담 전에 이미 수 많은 사람들이 살고 있었다."라고 주장하는 것은 아주 잘못된 수상이다. 사실 창4:14-17절 본문을 아무리 읽어보아도, "아담전에 사람들이 있었다" 라는 내용은 나오지 않는다. 다만 가인이 "누군가를 만난다"는 이야기와, "아내를 얻었다"는 이야기일 뿐이다. 가인이 "누군가를 만난다", "아내를 얻었다"라는 것과, "아담 전에 수 많은 사람이 있었다"라는 것은 아주 다른 내용의 이야기이다. 전자는 성경의 본문을 이야기하는 것이지만, 후자는 성경밖의 주장을 하는 것이다. 성경독자의 임무는 가인이 만나는 사람들이 누구인지 성경안에서 해답을 찾아야 하는 것이다.

결론적으로 이야기하자면, 정통교회는 창1:26,27절의 말씀과 위에서 언급하고 있는 신구약의 성경본문들을 근거로 "아담과 하와는 하나님께서 창조하신 인류의 첫 사람"임을 주장한다. 그렇다면, 창4:14-17절의 "가인이 만나는 사람"과 "결혼하는 여자"는 누구인가? 이들에 대하여는, 이들은 결코 아담 이전의 사람들이 아닌, 아담과 하와의 후손들 가운데 "땅에 충만하여", "정복하고", "다스리며" 살아가고 있는 아담과 하와의 자손들 가운데 어떤 이들을 의미하는 것이며, 가인의 아내도 역시 아담의 후손으로서 한 사람임을 설명한다.

## ▶ 성경본문 설명(반증)

1)의 창1:26,27절의 "창조하시되"의 히브리어 בָּרָא (바라, 1254) 는 무(無)에서 유(有)를 창조하실때 사용하는 단어이다. 이는 세상에 없던 인류를 처음 만드셨음으로 이 단어를 사용하셨다. 여인이 아기를 출산할 때는 "낳다", "출산하다"의 יָלַד (얄라드, 3205) 단어를 사용한다(창4:1). 2) 창1:28절, "생육하고, 번성하여 땅에 충만하라" 라는 "복(福)"을 주셨다. 아담과 아와는 창조된 직후 부터 복을 받은 사람들이다. 무슨 복(福)을 받았는가? "생육하고 번성하는 복"을 받은 사람들이다. 세상에 막 태어난 사람을 한 살이라고 한다면, 아담과 하와는 몸은 청년이지만 나이로는 한 살 부터 자녀를 출생하던 자들이다. 결코 가인과 아벨이 청년이 될 때까지 두 자녀만 있었던 것이 아니다, 이는 가인과 아벨 외에 다른 자녀들 (아들, 딸들)이 많이 있었음을 알 수 있다(생육,번성). 다만 성경의 "선택 기록설"을 취하여 구속사의 주인공인 두 사람 "가인과 아벨"만을 기록해 놓았던 것이다.

3) 창2:21-23절, "그 갈빗대로 여자를 만드시고" 하와의 기원을 말씀하신다. 하와는 육신의 부모가 없다. 하와의 기원은 아담의 갈빗대이다. 4) 창2:7절, "흙으로 지으시고", 아담의 기원을 말씀하신다. 첫 사람 아담은 육신의 부모가 없다. 아담은 흙에서 나왔기 때문이다. 5) 창3:19절, "흙으로 돌아가라", 죽음은 아담이 범죄하였을 하나님께로부터 인류에게 온 형벌이다. 6) 창3:20절, "하와라 하였으니 모든 산 자의 어미가 됨이라" 하와는 육신의 엄마가 없다. 하와는 아담의 갈빗뼈에서 나왔으며, 모든 살아 있는 자의 어머니이다. 이것의 의미는 하와는 인류의 첫 여자였다는 의미이다.

7) 고전15:45-47절, "첫 사람 아담은 땅에서 났으니", 이것 처럼 정확한 구절이 또 있겠는가? 여기에 "첫 사람"은 헬라어 πρῶτος (프로토스, 4413)"라는 단어로 "첫째의" "최고의" 라는 의미로서, 즉, 땅에서의 첫 사람을 의미한다. 8) 눅3:23-38절, " 그 이상은 셋, 그 이상은 아담이요, 그 이상은 하나님이시니라", 마태복음과는 달리 누가복음에는 예수그리스도의 상승 족보가 나온다. 여기에 아담의 이상을 하나님이라고 기록하고 있다. 9) 롬5:12,17절, "한 사람의 범죄로 인하여 사망이 왔다" 즉 인류의 죽음의 기원을 말씀하고 있다. 10) 고전15:21,22절, "아담 안에서 모든 사람이 죽은 것 같이", 아담 안에서 모든 사람이 죽었다. 아담안에서 모든 사람이 죽게 되었다는 것을 말씀한다. 만일 아담 이전에 사람들이 살고 있었다면, 그들은 죽지 않고 살고 있어야 한다. 왜냐하면, 죽음이란 아담의 범죄로 인하여 온 형벌이기 때문이다.

## ▶ "이중 아담론"을 주장하는 한국교회 이단들

1) **이만희** / 『신천지 예수교 장막성전』, **자칭)** "보혜사, 이긴자, 새요한, 예수의 영을 받은자…"

    도서, 『천지창조』, p76-81 /

      1) 셋 이후 여러 자녀를 낳았다(창5:3-4)

      2) **아담에게 부모가 있었다는 결정적인 증거**이다(창2:24).

      3) 실제로 **아담을 흙으로 빚지 않았다**. p80

      4) 하와는 갈빗대로 만든 것이 아니라, **성도들 가운데 한 여자**였다. p81

2) **정명석(JMS)** / 『애천교회』, **자칭)** 메시야,

    성경공부 교제 / 『고급편』 p 139, 301, 302, 303, 304

3) **구인회** / 『재림예수 교회』, **자칭)** "재림예수"

    도서, 『새 하늘과 새 땅 지상천국은 재림예수 교회에서 이루어진다』, p 400, 407, 412

4) **김풍일** / 『새 빛 등대교회』, **자칭)** "보혜사"

    잡지, 『Who will wake the Dawn?』

## ▶ 이중 아담론을 주장하는 사람들과 그 서적(책)들

### 1)-1. 이만희 저서,『천지창조』, p 76

그것은 아담이 최초의 사람이 아니라는 것을 밝힘으로 해결된다. 진화론을 주장하는 사람들은 인류가 원숭이와 같은 모습에서 오늘날과 같이 변화했다고 말한다. 만약 그들의 가설(假說)이 옳다면 사람은 지금도 계속해서 진화해야 할 것이다. 사람이 유인원(類人猿)으로부터 진화했다는 설은 어디까지나 학자들의 가설일 뿐이다. 천지 만물의 창조주이신 하나님께서는 모든 생물을 창조하실 때 처음부터 그 종류대로 만드셨다(창 1:24). 그리고 사람도 물론 하나님께서 창조하셨다. 사람을 언제 만드셨는지는 성경에 기록되어 있지 않으므로 알 수 없으나, 아담이 최초의 사람이 아닌 것은 확실하다. 그 근거를 성경에서 찾으면 다음과 같다.

첫째, 창세기 4장 13~17절을 보면 아담의 장남 가인이 자기를 죽일까 하여 두려워한 사람들도 있으며, 가인과 결혼한 여자도 있다.

• [13]가인이 여호와께 고하되 내 죄벌이 너무 중하여 견딜 수 없나이다 [14]주께서 오늘 이 지면에서 나를 쫓아내시온즉 내가 주의 낯을 뵈옵지 못하리니 내가 땅에서 피하며 유리하는 자가 될지라

### 1)-2. 이만희 저서,『천지창조』, p 78

**78** 천지 창조 〈제2부〉

아담이 지은 것이다(창 4:25). 그러므로 적어도 아담이 가인과 아벨 외에 다른 자녀를 낳은 것은 셋이 태어난 이후이다. 가인이 무서워했던 사람과 가인이 아내로 맞은 여자는 아담 이전에 존재했던 사람들의 후손이다.

• [3]아담이 일백 삼십 세에 자기 모양 곧 자기 형상과 같은 아들을 낳아 이름을 셋이라 하였고 [4]아담이 셋을 낳은 후 팔백 년을 지내며 자녀를 낳았으며 (창 5:3~4)

둘째, 아담에게는 부모가 있었다. 하나님께서는 아담에게 그를 낳은 부모를 떠나 아내와 한 몸을 이루라고 하셨다(창 2:24). 만약 아담이 하나님께서 창조하신 최초의 인간이라면 어찌 그 부모가 있을 수 있겠는가? 이것은 아담이 최초의 사람이 아니라는 것을 증명하는 결정적인 단서이다.

• 이러므로 남자가 부모를 떠나 그 아내와 연합하여 둘이 한 몸을 이룰지로다 (창 2:24)

### ② 아담 창조

하나님께서 흙으로 사람을 지으시고 생기를 그 코에 불어넣으시니 생령이 되었다(창 2:7). 앞에서 아담이 최초의 사람이 아니라는 것을 밝혔으므로, 하나님께서 이미 창조하신 수많은 사람 중에 아담을 택하여 생기를 주시고 함께하셨음을 알 수 있다. 그리고 하나님께서 사람을 실제로 흙으로 빚으셨느냐, 아니냐 하는 문제는 집착할 것이 못 된다. 바울은 '신화(神話)와 끝없는 족보에 착념(着念)치 말라. 쓸데없는 변론이나 일으키고, 믿음을 통해 구원을 얻게 하시는 하나님의 경륜(經綸)에는 아무런 도움도 되지 못한다(딤전

하나님께서는 사람이 독처(獨處)하는 것이 좋지 아니하여 아담의 갈빗대 하나를 빼내어 돕는 배필인 하와를 지으셨다(창 2:18, 21~23, 창 3:20). 그리고 남자가 부모를 떠나 그 아내와 연합하여 둘이 한 몸을 이루라고 하셨다(창 2:24).

아담을 실제 흙으로 만든 것이 아니듯이, 하와를 실제 아담의 갈빗대를 뽑아 만든 것이 아니다. 하나님께서는 아담의 지체와도 같은 성도들 가운데 여자 하나를 골라 그에게 붙여 주셨다. 그 두 사람은 한 몸을 이루고 아담이 하나님께 받은 말씀으로 하나가 되었으므로 서로 상대의 허물을 드러내지 않았다. 이것을 가리켜 창세기 2장 25절에서는 아담과 하와가 벌거벗었으나 부끄러워 아니하였다고 했다.

## 2). 정명석 교재,『고급편』, p139

결론적으로 볼 때, 하나님께서 희망찬 이상의 세계를 실현하려 했던 근본지 에덴 동산은 이 지구촌을 말했고 그 중앙은 메소포타미아 지역을 가리켰다. 그 가운데 생명 나무와 선악 나무는 아담과 하와를 말했던 것이다. **여기서 아담의 출현이 인류의 출현이냐 아니냐?** 종교상 아담의 연대는 지금부터 6,000년 전의 인물이며 바로 이 아담이 최초의 사람으로 동일시되고 있지만 성경상으로 볼 때 창세기 4장 6절의 카인의 처, 창세기 6장의 네피림 등을 보더라도 또한 과학적으로 지구의 기원은 46억 년이요, 인류의 출현은 200만년 전이라는 것을 보아도 창세기 2장, 3장에 나타나는 아담은 최초의 조상이 아니라 종교의 조상이며 또한 아담의 시대는 종교의 기원인 것이다. 그때 아담 하와는 동산 중앙에 있었던 사람들이고 주변에 사람들이 많았다. 아담·하와 이전 사람들은 아무렇게나 되는대로 살았다. 이런 환경에서 하나님께서는 이상세계를 이루기 위하여 아담 하와의 선의 차원을 높여 중심자로 부르시고 세우신 것이다. - 이에 관한 자세한 것은 우주의 기원과 인류의 기원을 참조한다.

## 3). 구인회 교리책,『새 하늘과 새 땅...』, p 81

## ① 하나님께서 아담과 하와를 창조하기 전에도 사람이 많이 살고 있었다.

### 창세기 4:1-17절

"아담이 그 아내 하와와 동침하매 하와가 잉태하여 가인을 낳고 이르되 내가 여호와로 말미암아 득남하였다 하니라. 그가 또 가인의 아우 아벨을 낳았는데 아벨은 양치는 자이었고 가인은 농사하는 자이었더라. 세월이 지난 후에 가인은 땅의 소산으로 제물을 삼아 여호와께 드렸고, 아벨은 자기도 양의 첫 새끼와 그 기름으로 드렸더니 여호와께서 아벨과 그 제물은 열납하셨으나, 가인과 그 제물은 열납하지 아니하신지라 가인이 심히 분하여 안색이 변하니, 여호와께서 가인에게 이르시되 네가 분하여 함은 어찜이며 안색이 변함은 어찜이뇨. 네가 선을 행하면 어찌 낯을 들지 못하겠느냐 선을 행치 아니하면 죄가 문에 엎드리느니라 죄의 소원은 네게 있으나 너는 죄를 다스릴찌니라. 가인이 그 아우 아벨에게 고하니라 그 후 그들이 들에 있을 때에 가인이 그 아우 아벨을 쳐 죽이니라. 여호와께서 가인에게 이르

## 4). 김풍일 (새빛 등대교회)

김풍일의 엉터리 성경해석
기독교 이단/보혜사 성령 김풍일    2008/10/20 23:08

### 아담은 인류의 조상이 아니다

김풍일 씨는 아담이 인류의 조상이 아니라고 강력히 주장한다.
김씨는 "성경에 기록된 내용으로 확실하게 말하자면 아담은 인류의 시조가 아니다.
아담 이전에 많은 사람이 살고 있었다는 것이 성경에서 확인되고 있으며 아담 이전에 이미
창조된 많은 사람 중에 선별 받아 처음으로 생기를 받아 생령(산영)된 사람이 아담이
다" (김풍일, 실로출판사 <천지개벽> p.85)라고 하였다.

## ▶ 결론, 이들이 "이중아담론"을 주장하는 이유는

이 이중 아담론 (아담 전에 이미 수많은 사람들이 살고 있었다)을 주장하는 사람들의 면면을 살펴보자. 이들은 한 눈에 알 수 있듯이 자기 자신을 이 시대의 "재림 예수"라고 주장하던 구인회씨를 비롯하여, "자칭 메시야" 정명석, "자칭 보혜사" 김풍일, "자칭 보혜사", "언약의 목자" 이만희씨 등 하나 같이 자기 자신을 신격화 하고 있는 사람들이다. 이들은 한국 교회의 주요 교단들로 부터 이단 판정를 받은 사람들이다. 그렇다면 이들은 왜? 한결 같이 이러한 "아담 전에 이미 수 많은 사람들이 살고 있었다"라고 하는 비성경적인 교리 "이중 아담론"을 주장하는 것일까? 그 이유가 무엇일까?

그것은 이들이 주장하는 교리(敎理)들을 자세히 살펴보면 곧 알게 되겠지만, 이 "이중 아담론" 교리가 자기 자신이 이 시대의 "메시야", "목자", "구원자", "중심인물"등 임을 주장하게 되는 교리의 기초(基礎)가 되기 때문이다. 이단 교리의 첫 단추인 "이중 아담론"에 이어서, 두 번째 이단 교리인 "시대별 구원자"교리를 보면 알 수 있다. 이러한 교리들은 그들이 자기 자신을  이 시대의 "구원자","목자", "중심 인물", "약속의 사자, "언약의 사자" 등 이라고 주장하기에 꼭 필요한 교리(敎理)가 되기 때문이다.  즉 다시 말해서, 이 "이중 아담론"은 이단 교주들이 자신을 신격화 하는데 있어서의 첫 단추 교리, 기초 교리가 되는 셈이다. 그러므로 자기 자신을 이 시대의 "구원자", "목자", "메시야", "중심 인물" 이라고 주장하는 교주들은 한결 같이 "아담 전에 사람들이 많이 살고 있었다"라고 하는 이 "이중 아담론"을 교리적 기초로 삼는다.

## ▶ 그럼 왜 (Why)?, 가인과 아벨만 기록하였나? (선택기록설 )

"생육하고 번성하며 땅에 충만하라"(창1:28)는 하나님의 말씀대로 아담과 하와에게는 가인과 아벨외에도 다른 형제들과 자매들이 많이 있었다. 가인과 아벨이 장성하여 자신들의 직업을 가지고 있는 것을 볼 때, 이미 다른 형제와 자매들도 성장하여 독립하고 가정을 이루어 자신들의 직업을 가지고 있었을 것이다. 그러면 아담과 하와에게 이미 많은 자손들이 있었음에도 불구하고, 왜? 가인과 아벨만을 성경에 기록한 것일까? 그것은 『선택기록설』을 취했기 때문이다. 성경 구속의 역사 가운데 가인은 거룩한 성도를 핍박하고 죽인 불신자(불신세계)의 대표이며, 아벨은 하나님을 섬기며 끝까지 믿음을 지키다가 순교한 성도(교회)의 대표이다(히11:4). 그러므로 성도와 불신자(핍박자), 교회와 불신세계(바벨론)를 대표하는 두 사람 "가인"과 "아벨"을 선택하여 기록한 것이다.

▶ 학습 후 질문

1. "이중 아담론"이란 무엇인가(내용)?

2. "이중 아담론"을 주장하는 사람들이 근거로 제시하는 성경본문은 어디인가 ?

3. 창4:14-17절은 "아담전에 사람이 있었나"는 말인가? 아니면 누구를 만났디는 얘기인기?

4. 난해해 보이는 성경 본문이 있을때 성경의 바른 해석의 원리는 무엇인가? (웨스트민스터1장 9,10항)

5. 아담이 인류의 "첫 사람"이었음을 증거하는 구절은 무엇인가? (10구절)

6. 한국교회 안에서 "이중 아담론"을 주장하는 사람들은 어떤 사람들인가?

7. 이단들이 "이중 아담론"을 주장하는 근본적인 이유는 무엇인가?

8. 그럼 왜(Why)?, 가인과 아벨 두 사람의 이름만 기록해 놓은 것인가?

## 2. 시대별 구원자

( 각 시대마다 "시대별 목자", "언약의 목자", "중심인물" 등이 있다. 주장 )

# 2. 시대별 구원자

시대별 구원자론이란, 제목 그대로 "각 시대 마다 구원자"가 있다는 교리이다. 앞 장에서 언급한 이중 아담론이 이단 교리의 "첫 단추"에 해당 한다면, 이 "시대별 구원자" 교리는 이단 교리의 "두번째 단추" 에 해당한다. 그 이유는 이 "시대별 구원자론"은 "이중 아담론"을 전제로 자연스럽게 꿰어져 나오는 교리이기 때문이다. 이 "시대별 구원자론"은 "이중 아담론" 을  전제로 한다. "아담은 인류의 첫 사람이 아니다. 이미 그 이전에 수많은 사람들이 살고 있었다" 라고 전제한다. 여기서 한 걸음 더 나아가 "그러면 아담은 누구냐?""라고 질문한다. 여기서 그들은 다음과 같이 주장한다. "아담은 인류의 첫 사람이 아닌, 그 시대를 대표하는 사람", "그 시대에 하나님을 음성을 들은 첫 사람", "그 시대를 대표하는 목자"요,  "그 시대의 구원자"요, "그 시대의 중심 인물"등 이었다는 것이다. 이와 같이 『이중 아담론』과 『시대별 구원자론』은 바늘과 실 같이 함께 가는 교리이다. 이같은 주장은 이중아담론은 "하나님께서 각 시대별로 사용하시는  그 시대의 구원자(목자)가 반드시 있다"는 비성경적인 주장으로 이어진다.

## ▶ 시대별 구원자를 주장하는 근거

이들은 "시대별 구원자론"을 뒷받침하는 성경본문을 제시하지 못한다. 다만,  이단교리의 첫 단추에 해당하는 "이중 아담론"(아담은 인류의 첫사람이아니라. 그시대의 목자)을 근거로 논리적인 전개를 할 뿐이다. 이것은 결코 성경적인 주장이 아니다. 아담이 인류의 첫 사람이 아닌, 그 시대의 "목자", "구원자", "중심 인물"이었듯이, 하나님께서 각 시대마다 특별히 사용하시는 그 시대의 "목자", "구원자", "중심인물"이 있다는 논리적인 주장일 뿐이다.

## ▶ 시대별 구원자론의 심각성

이들은 아담이 그 시대의 목자였듯이, "노아", "아브라함", '모세", (여기에 성경에 나오는 굵직굵직한 인물들을 내세운다)도 역시 그 시대에 하나님께서 특별히 사용하시는 "목자"였다는 것이다. 이 교리의 심각성은 그 다음의 연 이은 주장에 있다. 이와같이 이 시대에도 "구원자", "목자", "하나님이 쓰는 인물", "중심인물"이 있는데, 그 사람이 바로 자기 자신이라는 주장이다.

아담 - 노아 - 아브라함 - 모세 - 예수 그리스도 - (          )

이들의 주장에 의하면, "아담", "노아", "아브라함", "모세" 모두가 그 시대 마다의 목자였다는 것이다. 더욱이 예수님도 한 시대, 즉 신약시대의 한 목자이셨다는 것이다. 그리고 지금 이 시대에도 하나님께서 사용하시는 한 목자가 있다는 주장이다. 이와같이 각 시대별로 구원자가 있다는 주장을 "시대별 구원자론" 이라고 하며, 이러한 주장은 자기 자신이 이 시대의 "구원자", "목자", "메시야" 운운하는 자들의 공통적인 주장이다.

신천지 이만희(언약의 목자, 약속의목자), 통일교 문선명(중심인물),  JMS 정명석(중심인물)등, 모두 자기 자신이 이 시대의 구원자, 목자라고 주장한다. 이들은 하나같이 "시대별 구원자론"을 주장하지만, 정작 " 그럼, 이 시대의 하나님이 특별히 사용하시는 그  "구원자", "목자","중심인물"이 과연 누구냐?" 라는 질문에는 각자 "자기 자신"이라고 주장한다. 아이러니 한 것이 아닐 수 없다. 교리를 같은데 구원자만 다르다. 이것이 과연 성경적인 교리일까?

## ▶ "시대별 목자, 구원자, 중심인물"을 주장하는 이단들

1) **이만희** / 『신천지 예수교 장막성전』, 자칭) **"보혜사, 이긴자, 새요한, 예수의 영을 받은자…"**

   도서, 『천지창조』, 보혜사, 이만희 저 /

   1) 천지창조의 노정, 목자(아담)선택 차례(p9)

   2) **하나님께서 택하신 목자 아담, 시대별 목자** (p74).

2) **문선명** / 『통일교』, 자칭) **메시야, 재림주, 우주평화의 왕** / 『원리강론』, 통일교 교리책 1966

   1) 노아, 아브라함, 이삭, 야곱, 모세, 세례요한 **중심인물** (p249)

   2) **재림예수 중심인물** (p208,209).

3) **정명석(JMS)** / 『애천교회』, 자칭) **"메시야"**  성경공부교재, 『고급편』, p 19, 215

   1) 기독교인 중에 **중심인물** (p19)

   2) **중심 인물을 통한 구원** (p215).

## ▶ 시대별 구원자론을 주장하는 사람들과 그 서적(책)들

### 1)-1 이만희 저서, 『천지창조』, 천지창조의 노정 차례, p 9

### 1)-2 이만희 저서, 『천지창조』, 목자선택, p 74

**74** 천지 창조 〈제2부〉

## 2) 목자 선택

  하나님께서는 어느 시대나 먼저 빛의 역할을 하는 한 목자를 세우신 다음에 그를 중심으로 창조의 역사를 이루어 가셨다. 창세기 때는 아담을 지으신 후에 에덴 동산을 만드시고 그에게 만물을 주어 다스리게 하셨다. 아담의 후손들이 부패했을 때는 그 가운데서 노아를 택하셨고, 노아의 자손들이 부패했을 때는 아브라함을 택하여 새 역사를 시작하셨다. 그리고 아브라함과의 약속을 이루시기 위해 대언의 목자 모세를 택하셨으며 그가 죽은 후에는 여호수아를 택하여 목자로 세우셨다. 여호수아가 세상을 떠난 뒤에는 사사(士師)를 세워 주셨으며, 왕권(王權) 시대가 열린 후로는 선지자들을 보내셨다. 초림 때는 예수님을, 예수님께서 하늘로 가신 후에는 보혜사 성령과 약속한 목자를 보내신다.

## 2)-1. 문선명 저서, 『원리강론』, 중심인물 p 249

첫째는 그를 위한 '중심인물(中心人物)'이 있어야 한다. 아담이 '믿음의 기대'를 세우는 인물이 되지 못하고 타락(墮落)한 이후 오늘에 이르기까지 하나님은 '믿음의 기대'를 복귀할 수 있는 중심인물을 찾아 나오셨다. 타락한 아담가정에서 가인과 아벨로 하여금 제물(祭物)을 바치게 하셨던 것도 이러한 중심인물을 찾아 세우기 위함이었고, 노아, 아브라함, 이삭, 야곱, 모세, 그리고 열왕(列王)들과 세례요한 등을 부르셨던 것도 그들을 이러한 중심인물로 세우시기 위함이었던 것이다.

## 2)-2. 문선명 저서, 『원리강론』, p 208. 209

이와 같이 기독교에서 고대하고 있는 재림 예수님은 다른 모든 종교에서 재림하리라고 믿고 있는 그 중심인물(中心人物)이기도 하기 때문에, 다른 종교를 믿다가 타계한 영인들도 그가 가지고 있는 영적인 위치에 따라 그에 적응될 시기는 각각 다르지만, 재림부활(再臨復活)의 혜택을 받기 위하여 낙원(樂園)에 있는 영인들과 같이 재림하지 않으면 안 된다. 그리하여 각자가 지상에 있을 때 믿었던 종교의 지상 신자들을 재림하신 예수님 앞으로 인도하여, 그를 믿고 모시어 뜻을 이루도록 협조하지 않을 수 없는 것이다. 따라서 모든 종교는 결국 기독교를 중심하고 통일하게 되는 것이다.

## 3)-1. 정명석 교재,『고급편』, 중심인물, p 19

끝으로 역사적으로 말라기의 예언이 있은 후 400년만에 엘리야가 다시 왔는데 세례요한을 통해서 나타났다. 이와같이 예수님의 재림도 마지막 선지자 이후 400년만에 새사명자를 통해서 나타나게 된다는 것이다. 기독교인 가운데서 중심인물을 선택하고 그에게 예수님의 영이 재림하여 협조함으로써 재림 예수의 사명을 다하게 되는 것이다.

## 3)-2. 정명석 교재,『고급편』, 중심인물, p 215

### 4. 중심인물을 통한 구원

요 6:29       예수께서 대답하여 가라사대 하나님의 보내신 자를 믿는 것이 하나님의 일이니라 하시니

하나님은 그 시대에 맞는 구원 섭리를 펼쳐야 하기 때문에 항상 그때에 해당하는 사람을 보내 준다. 그를 통하여 나머지 사람들을 모두 구원시킨다. 그러나 아무리 구원주가 왔어도 그를 믿지 않으면 혜택을 못 받는다. 믿지 않으면 혜택을 줄 수 없는 법이다. 그 시대 중심자는 하나 뿐이므로 그 중심자를 따라나서야 한다. 모세 때는 모세를 찾아 따라 나서야 그 시대 구원을 받는다. 여호수아 시대는 그 여호수아를 찾아야 가나안에 들어 갈 수 있다.

행 16:30-31       저희를 데리고 나가 가로되 선생들아 내가 어떻게 하여야 구원을 얻으리이까 하거늘 가로되 주 예수를 믿으라 그리하면 너와 네 집이 구원을 얻으리라

이와 같이 그 시대 중심자와 일체 되는 것이 그 시대에 해당되는 구원을

## ▶ 정통교회의 해석(반증)

시대별 구원자론과 같은 정통교회를 분노케 하는 교리도 없다. 이는 행4:12절의 "다른 이로서는 구원을 얻을 수 없나니 천하 인간에 구원을 얻을 만한 다른 이름을 우리에 주신 일이 없음이니라" 하신 것과 같이 예수 그리스도는 천하(天下) 인간에게 구원을 베푸시는 유일한 이름임에도 불구하고, ("천하 인간"이란 하늘아래 '각 시대를 뛰어넘는' 모든 인류를 의미한다) 간단한 몇 마디 말 장난으로 "예수그리스도를 단지 구 시대의 목자, 구원자"로 전락시키고, 이 시대에 이단 교주들 자신이 주님의 자리를 독차지하고 있기때문이다.

성경에서 과연 "시대별 구원자"를 논하고 있는가? 성경에서 아담, 노아, 아브라함, 모세를 "그 시대의 목자", "구원자"라고 기록하고 있는가?, 아니다, 이들은 성경의 구속의 역사 가운데 등장하는 인물들로서 하나님께 귀하게 쓰임 받은 사람들일 뿐이다. '신실한 믿음의 소유자들', 때로는 연약하여 '범죄할 수 밖에 없었던', '하나님께 은혜를 받았던' 사람들, 즉 우리와 동일(同一)한 믿음의 사람들일 뿐이다. 이러한 사람들이 어떻게 성자 하나님이신 예수님과 동격(同格)으로서 시대별 구원자가 될 수 있는가?

예수 그리스도는 성자 하나님으로서 알파와 오메가가 되신다. 예수그리스도는 신 구약의 유일한 구원자가 되신다(행4:12). 그럼에도 불구하고 이단들이 "이중 아담론"에 이어서 "시대별 구원자론"을 주장하는 것은 자신들의 사적인 목적을 쟁취하기 위한 (이 시대의 구원자, 메시야, 목자가 되기 위한) 수작일 뿐이다. 이 교리는 각 이단 종파에 따라서 "시대별 구원자", "시대별 목자" 또는 "언약의 목자", "약속의 목자", "중심인물" 등으로 다양하게 불려지고 있다.

> ▶ **성경본문**

▶ 행 4:12절,    다른 이로서는 구원을 얻을 수 없나니 **천하 인간에 구원을 얻을 만한 다른 이름을** 우리에게
　　　　　　　주신일이 없음이니라 하였더라

▶ 요 8:56–58절,  너희 조상 **아브라함은 나의 때 볼 것을 즐거워하다가 보고 기뻐하였느니라** / 57) 유대인들이
　　　　　　　가로되 네가 아직 오십도 못되었는데 아브라함을 보았느냐 / 58) 예수께서 가라사대 진실로
　　　　　　　진실로 너희에게 이르노니 **아브라함이 나기 전부터 내가 있느니라** 하시니

▶ 신 18:15절, 네 하나님 여호와께서 너의 중 네 형제 중에서 **나와 같은 선지자 하나**를 너를 위하여 일으키
　　　　　시리니 너희는 그를 들을지니라 〈cf. 행7:37,52 / 요 1:21,25 〉

▶ 요 1:1-3절, 태초에 말씀이 계시니라 이 말씀이 하나님과 함께 계셨으니 **이 말씀은 곧 하나님이시니라** /
　　　　　2) 그가 태초에 하나님과 함께 계셨고 / 3) 만물이 **그로 말미암아 지은 바 되었으니** 지은 것
　　　　　이 하나도 그가 없이는 된 것이 없느니라

▶ 요 20:28절, 도마가 대답하여 가로되 **나의 주시며 나의 하나님**이시니이다

▶ 요일 1:1,2절, 태초부터 있는 **생명의 말씀**에 관하여는 우리가 들은 바요 눈으로 본 바요 주목하고 우리 손
　　　　　으로 만진 바라 / 2) 이 생명이 나타내신 바 된지라 **이 영원한 생명을 우리가 보았고** 증거하
　　　　　여 너희에게 전하노니 이는 **아버지와 함께 계시다가 우리에게 나타내신 바 된 자**니라

▶ 마 28:6절, 그가 여기 계시지 않고 그의 말씀하시던 대로 **살아나셨느니라** 와서 그의 누우셨던 곳을 보라

▶ 행 1:9절, 이 말씀을 마치시고 **저희 보는 데서 올리워 가시니** 구름이 저를 가리워 보이지 않게 하더라

▶ 계 22:13절, 나는 **알파와 오메가요 처음과 나중이요 시작과 끝**이라


위의 본문에서 알 수 있듯이 행4:12절의 "천하(天下) 인간"이란 말은 한 시대에 국한 것이 아닌 하늘 아래의 모든 인간, 즉 시대를 초월한 모든 인류에게 적용되는 말씀이다. 시대를 초월한 천하 인간의 구원자는 "오직, 예수 그리스도 한 분 외에는 없다"는 말씀이다. 아브라함, 모세, 그 어떤 사람도 예수 그리스도와 동격(同格)으로서 그 시대의 구원자가 될 수 없다. 참 하나님이시요, 참 사람이신 (요1:1-3; 20:28; 요일1:1-2; 계22:13) 예수 그리스도께서 만이 모든 시대에 모든 인류의 구원자가 되신다.

## ▶ 학습 후 질문

1. 시대별 구원자론이란 무엇인가(내용)?

2. 시대별 구원자론을 주장하는 사람들은 어떤 사람들인가?

3. 시대별 구원자론을 뒷받침하는 성경 구절이 있는가?

4. 아담, 노아, 아브라함, 모세, 예수님이 각 시대의 구원자이셨나?

5. 하나님의 아들 예수님께서는 신약 시대에만 구원자이셨나?

6. 이 시대는 다른 구원자가 필요한 시대인가?

7. 행 4:12절의 "천하 인간에 구원을 얻을 만한 다른 이름을 우리에게 주신 일이 없음이니라" 할 때에 "천하 인간"이란 무슨 의미인가?

# 3. 삼시대론

( 성경의 역사는 삼시대로 나누어진다. 주장)

# 3. 삼시대론

　　세 번째 이단 공통교리로서 삼 시대론을 들 수 있다.이 교리는 한국 교회 안에서 백남주가 처음으로 주장하였다. 삼 시대론은 성경의 시대를 크게 3가지로 분류한다. 즉 구약 – 신약– 새시대 (성약시대, 종말시대, 계시록시대...등)이다. "시대별 구원자론"은 각 시대별로 구원자(목자)가 있다고 주장하는 것이라면, 이 삼 시대론은 성경을 크게 셋 으로(구약, 신약, 새시대(현재)) 나누고, 각 시대(구약, 신약, 새시대)마다 "주도적으로 활동하시는 주체가 다르다는 주장이다. 즉  "구원자", "구원의 방법"이 그 시대(구약,신약,새시대)마다 다르다고 주장한다. 즉 우리가 살고 있는 시대는 구약, 신약과는 다른 "새 시대" 이므로, 이 새 시대에는 구약과 신약이 아닌, 이 시대에 맞는 "새 말씀"이 있다는 주장이다. 뿐만 아니라 이 새 시대에는  "새 구원자", "새 구원의 방법"이 있음을 주장한다.

## ▶ 삼시대론을 주장하는 근거

　　삼시대론을 뒷 바침할 만한 성경본문은 없다. 이 주장 역시 비성경적이다. 성경 어디에도 성경의 역사를 "구약", "신약", "새 시대" 이렇게 나누고 있지 않다. 이런 주장은 "이중아담론", "시대별 구원자론"과 같이 인간의 논리적인 사고(思考)에서 나온 비성경적인 주장일 뿐이다. 통일교 문선명씨의 『원리강론』에 의하면, 새 시대가 도래하면서 무지에서 벗어나 과학도 발전하고, 지식도 새로워지고, 성경을 깨닫는 것도 달라진다고 주장한다. 그래서 "새 진리"가 필요하다고 주장한다. 하나님의 교회 안상홍은 구약의 하나님의 이름은 "여호와", 신약의 하나님의 이름은 "예수", 이 시대 , 종말시대의 하나님의 이름(새 이름)은 "안상홍" 이라고 주장한다.  이와같이 이단들이 공통적으로 이 삼시대론을 주장하는 것은 자기 자신이 이 시대의 구원자가 되기 위함이다. 저 사람들은 하나같이 구약과 신약에 이어 새 시대는  "새 말씀", "새 구원자", "새 구원의 방법"이 필요하다고 주장하고 있다.

## ▶ 삼시대론을 주장하는 이단들

**통일교 문선명**, 『원리강론』 p 142, **" 말세와 새 말씀과 우리의 자세"**....

　　p144, 오늘날의 지성인들로 하여금 진리를 깨닫게 하기 위하여는 **보다 고차적인
　　　　 내용과 과학적인 표현 방법에 의한 것이 나오지 않으면 안 된다**. 이것을
　　　　 우리는 **새 진리**라고 부른다. / 성경은 하나의 교과서이다. 그런데 진리의 중요
　　　　 부분이 거의 상징과 비유로 되어 있기에... **새 진리가 나와서 해명해** 주어야 한다.

▶ **통일교 (문선명) : 소생 구약 – 장성 신약 – 완성 성약시대**

▶ **하나님의교회 (안상홍) : 구약(성부) – 신약(성자) – 성령시대**

▶ **신천지 (이만희) : 구약 – 신약 – 계시록시대**

▶ **JMS (정명석) : 구약 – 신약 – 성약시대**

▶ **전능신교 (동방번개) : 구약(율법시대) – 신약(은혜시대) – 국도(國度)시대**

　　통일교의 문선명씨는 자신의 책 『원리강론』에서 "새 시대의 새 말씀의 필요성"을 주장하였다. 하나님의 교회는 이 시대를 "성령시대"이며, 이 성령시대의 구원자는 안 상홍씨라고 주장한다. 신천지의 이만희씨는 이 시대를 "영적 새 이스라엘 시대" 또는 "계시록 시대"라고 주장하고 있으며, "비유가 봉함된 때"가 있고, "비유가 풀어지는 때"가 있는 데, 지금 이 시대는 계시록 시대이기 때문에 "비유가 풀어지는 때"라고 한다. 이때는 "믿음의 내용도" "구원자"도 "구원의 방법"도 달라진다고 주장한다. 애천교회 정명석씨는 이 시대는 "성약시대"이며, 이 시대의 중심인물은 자기 자신이라고 주장한다. 중국에서 수입된 전능신교(동방번개)는 구약, 신약에 이어 이 시대는 "국도시대"라고 주장한다

## ▶ "삼시대론"을 주장하는 이단들

1) **문선명** / 『통일교』, 『원리강론』, 통일교 교리책 1966

　　　　1) 말씀기대섭리 – 소생구약시대– 장성신약시대 – **완성 성약시대**. p 254

2) **안상홍** / 『하나님의 교회』, 도서, 『하나님의 비밀과 생명수의 샘』, 안상홍 저

　　　　1) 성부시대(무교절) – 성자시대(맥추절) – **성령시대**(초막절). p23

3) **이만희** / 『신천지』, 『천국비밀계시』,

　　　　1) 영적 새 이스라엘 창조, 12지파 / p132

　　　　2) **계시록 시대**의 (영적) 새 이스라엘 / p151

4) **정명석(JMS)** / 『애천교회』, 성경공부교재, 『고급편』.

　　　　1) 구약(아담-예수), 신약(예수님-재림), **성약시대**(재림-1000년). p214

## ▶ 삼시대론을 주장하는 사람들과 그 서적(책)들

### 1) 문선명 저서, 『원리강론』 p 254

254    원리강론

ⓒ 또 아브라함으로부터 예수님까지의 2천년 기간은, 구약(舊約)의 말씀에 의하여 인간의 심령(心靈)과 지능(知能)의 정도가 소생급(蘇生級)까지 성장한 시대였으므로, 이 시대를 '소생 구약시대(蘇生 舊約時代)'라고 한다.

ⓒ 한편 예수님으로부터 재림기(再臨期)까지의 2천년 기간은, 신약(新約)의 말씀에 의하여 인간의 심령과 지능의 정도가 장성급(長成級)까지 성장하는 시대이므로, 이 시대를 '장성 신약시대(長成 新約時代)'라고 한다.

ⓔ 예수님 재림 이후의 복귀섭리완성시대(復歸攝理完成時代)는, 복귀섭리의 완성을 위하여 주시는 성약(成約)의 말씀에 의하여 인간의 심령과 지능의 정도가 완성급(完成級)까지 성장하는 시대이므로, 이 시대를 '완성 성약시대(完成 成約時代)'라고 한다.

### 2) 안상홍 저서, 『하나님의 비밀과 생명수의 샘』 p 23

첫째는 무교절이니 성부시대라고 할 수 있는바, 여호와께서 친히 행사하심으로 육신적 이스라엘 백성들을 인도하여 내셨으며

둘째는 맥추절인 바 곧 성자시대라고 하나니, 예수께서는 맥추의 처음 익은 곡식이 되어 잠자는 자의 처음 익은 열매로 부활하시고(고전 15장 20절) 승천하사 하늘 성소에 들어가심으로 이른 비 성령을 내리시어 초대교회 시대의 맥추의 농작을 다 거두셨으며

셋째는 초막절이니 성령시대라고 할 수 있는 바, 이는 가을 농작의 마지막 거두는 추수 때를 가리키나니 온 세상에 있는 모든 알곡을 다 하늘 창고에 거두어 들이게 되는 것이다.

그러나 모든 절기는 현재까지 다 이루어졌으나 마지막 절기가 한 가지 남아 있으니 이는 초막절이다. 이 절기에는 예수 강림하실 기일 선포를 받은 후에 예수 강림운동이 있을 것을 표상한 것이다. 옛날부터 지켜 내려오던 초막절의 마지막 성취가 마지막 예수 강림운동이다.

### 3) 하나님의 교회 (삼시대론) 주장        [ 성령시대의 새 이름은? 안상홍이라 주장 ]

## 시대별 구원자와 새 이름

| 시대별 | 성부시대 | 성자시대 | 성령시대 |
|--------|----------|----------|----------|
| 구원자 | 여호와 | 예수 | 새 이름 |
| 증인 | 여호와 | 예수 | 새 이름 |
| 기도 | 여호와 | 예수 | 새 이름 |
| 구원 | 여호와 | 예수 | 새 이름 |

### 3) -1. 이만희 저서, 『천국비밀계시』 p 132

> 침조 1) 사28:15   너희 말이 우리는 사망과 언약하였고 음부와 맹약
> 하였은즉 넘치는 재앙이 유행할지라도 우리에게 미
> 치지 못하리니 우리는 거짓으로 우리 피난처를 삼
> 았고 허위 아래 우리를 숨겼음이라 하는도다

　지금까지 6장의 설명을 들어본 바 하늘 나라 복음의 씨를
뿌리는 종교 세계가 말세를 당하여 성경의 약속대로 아담, 노
아, 롯, 모세, 예수님 때와 같이 오늘날도 한 세대가 끝이 났으
니 이것이 천지와 해, 달, 별이 없어진 것이다. 이 천지와 해,
달, 별이 하나님의 나라와 백성이라면 이들이 심판 받아 없어
졌으니 다시 택하여 창조함이 마땅하다.
　다시 창조되는 새 이스라엘은 과연 어떠한 세계이며, 어떠한
사람들로 창조되는지 7장에서 깨달아 참예하는자 되자.

### 3)-2. 이만희 저서,『천국비밀계시』p132

이 영적 새 이스라엘은 오늘날 계시록의 시대(재림 때)에 창조되는 하나님의 나라로 열두 지파 중 한 지파가 빠지고 다시 한 지파를 초림 때와 같이 세우게 되는 것이다.

오늘날의 지상 모든 성도는 하나님의 인을 맞아 영적 새 이스라엘 열두 지파에 속해야 한다. 이 열두 지파에 소속되지 않으면 선민이 아니요 이방이며 구원받지 못한다. 이는 예수님의 약속을 믿지 못한 연고이다.

다시 증거하거니와 본장의 영적 새 이스라엘 열두 지파 144,000인과 흰 무리로 인 맞아 속하지 못한 자들은 이방이 되며 쭉정이와 가라지 곧 마귀의 씨로 난(마13:38-40) 이단으로 판명된다.

요한복음 14장 29절의 말씀처럼 계시록은 일이 이룰 때 믿으라고 미리 기록한 말씀임을 기억하고 계시록 시대의 성도라면 계시록 7장이 이루어질 때 영적 새 이스라엘 열두 지파에 소속되기를 힘써야 한다.

### 4). 정명석 교재,『고급편』, p214

3. 차원적 구원

📂 **구원급**

영계가 그룹으로 되어 있다. 지상에서 사람들이 사는 것도 여러 차원이 있고 경제 생활도 상, 중, 하가 있듯이 **영계 구원도 천층 만층**이다. 1) 시대성 2) 영인체의 성장급(형성급), 3) 구세주의 사명급 4) 행함에 따라 5) 진리의 차이에 따라 영계에서 구원의 차원이 달라진다.

**(1) 시대성**       하나님의 구원 섭리는 때와 시기를 따라 차원적으로 이루어졌다. 하나님의 구원 섭리를 볼 때 구약은 아담으로부터 예수님까지의 4,000년 시대, 신약은 예수님으로부터 재림하실 때까지 2,000년, 성약은 재림 이후 새시대 1,000년이다. 애급의 구원과 신광야의 구원과 가나안 복지의 구원의 차원이 여실히 달랐듯이 구약 시대의 구원과 신약 시대의 구원이 다르고, 신약의 구원과 새로운 역사의 구원이 다르다. 구약은 애급적 구원인 선영계급 , 신약은 신광야적 구원인 낙원급, 성약시대는 가나안적 구원인 천국급 구원을 이룬다. 새로운 구원을 얻으려면 더 새로운 역사가 일어나야 한다.

## 5). 전능하신 하나님교회 (삼시대론) 주장

[ 자료출처 : https://www.youtube.com/watch?v=TY7TGi1ySCw ]

## ▶ 정통교회의 해석(반증)

　　반면에 정통교회에서는 성경을 결코 삼 시대로 나누지 않는다. 성경은 구약과 신약으로 이루어져 있다. 구약은 "The Old Testament"로서 "옛 언약"이라는 의미이며, 신약은 "The New Testament" 로서 "새 언약" 이라는 의미이다. 즉 성경은 두 언약의 시대만 존재한다. 다른 제 삼의 언약의 새대는 존재하지 않는다. 지금 21c는 새 언약(신약)안에서 주님의 재림을 기다리고 있는 시간이다. 이 기간은 새언약 (The New Testament)안에 있다. 즉 지금 이 시대는 신약과 단절된 제 삼의 시대, "새 시대"가 아니라는 것이다. 그러므로 성경을 삼시대로 나누고, 이 시대는 "새 말씀", "새 구원자", "새 구원의 방법"이 필요하다고 주장하는 것은 불순한 의도를 가지고 성경을 억지로 해석하는 것이다.

　　그 불순한 의도가 무엇이겠는가? 이러한 삼시대론을 주장하는 사람들을 살펴 보면 금방 알 수 있듯이 (이들은 모두 자신들이 이 시대의 "구원자", "메시야", "재림주" 라고 주장하고 있는 이단 교주들) 이들은 이 "삼시대론"을 근거로 하여 자신이 만든 교리가, 이 시대의 "새 말씀"이며, 자신이 이 시대의 "새 구원자"임을 주장하려고 하는 것이다. 정통교회는 이와같은 주장을 비성경적인 것으로 이단으로정죄한다.

▶ **성경본문**

▶ 마 1:18절, **예수 그리스도의 나심은** 이러하니라 그 모친 마리아가 요셉과 정혼하고 동거하기 전에 성령으로 잉태된 것이 나타났더니

▶ 눅 22:20절, 저녁 먹은 후에 잔도 이와 같이 하여 가라사대 이 잔은 **내 피로 세우는 새 언약**이니 곧 너희를 위하여 붓는 것이라

▶ 요 19:30절, 예수께서 신 포도주를 받으신 후 가라사대 **다 이루었다** 하시고 머리를 숙이시고 **영혼이 돌아가시니라**

▶ 마 28:6절, 그가 여기 계시지 않고 그의 말씀하시던 대로 **살아나셨느니라** 와서 그의 누우셨던 곳을 보라

▶ 행 1:11절, 가로되 갈릴리 사람들아 어찌하여 서서 **하늘을 쳐다보느냐** 너희 가운데서 하늘로 올리우신 이 예수는 **하늘로 가심을 본 그대로 오시리라** 하였느니라

▶ 막 14:62절, 예수께서 이르시되 내가 그니라 인자가 권능자의 우편에 앉은 것과 하늘 **구름을 타고 오는** 것을 너희가 **보리라** 하시니

▶ 계 20:12,13절, 또 내가 보니 죽은 자들이 무론대소하고 그 보좌 앞에 섰는데 책들이 펴 있고 또 다른 책이 펴졌으니 곧 생명책이라 죽은 자들이 자기 행위를 따라 **책들에 기록된 대로 심판을 받으니** / 13) 바다가 그 가운데서 죽은 자들을 내어주고 또 사망과 음부도 그 가운데서 죽은 자들을 내어주매 각 사람이 자기의 행위대로 **심판을 받고**

▶ 계 22:20,21절, 이것들을 증거하신 이가 가라사대 **내가 진실로 속히 오리라** 하시거늘 **아멘 주 예수여 오시옵소서** / 21) 주 예수의 은혜가 모든 자들에게 있을지어다 아멘

위의 성경 본문들이 의미하는 것은 무엇인가? 신약성경 안에 "예수 그리스도의 나심"(마1:18), "속죄 사역을 다 이루심"(요19:30), "그리스도의 부활"(마28:6), "승천하심"(행1:11), "재림의 약속"(막14:62)과 재림하셔서 이 세상을 "심판하심"(계20:12-13 : 22:20,21)에 관한 내용들이 모두 포함 되어 있다. 즉 우리가 살고 있는 지금 이 시대는 신약의 새언약(The New Testament)시대로서 주님의 재림을 준비하고 있는, 신약 성경안에서 계시록의 마지막날을 향하여 진행되어 가고 있는 시대이다. 결코 이단들이 말하는 신약과 단절된 "새 시대" 로서 " 새 말씀", "새 구원자", "새 구원의 방법" 이 필요한 시대가 아니다.

▶ 학습 후 질문

1. 삼시대론이란 무엇인가(내용)?

2. 한국 교회 안에서 삼시대론를 최초로 주장한 사람은 누구인가?

3. 삼시대론을 주장하는 사람들은 어떤 사람들인가?

4. 성경이 삼 시대로 나누어져 있나?

5. 성경은 구약(The Old Testament), 신약(The New Testament)으로 이루어져 있다. 무슨 의미인가 ?

6. 이들이 비(非)성경적인 "삼 시대론"을 주장하는 궁극적인 이유가 무엇인가?

# 4. 성경은 비유로 기록되어있다.

( 성경는 "비유", "비사", "상징"으로 기록 되어 있다. 주장 )

# 4. 성경은 비유로 기록되어 있다.

　　한국교회 이단들이 공통적으로 주장하는 것 가운데 대표적인 것은 "비유풀이"의 주장이다. 이들은 하나같이 "성경은 비유(비사, 상징)로 기록되어 있다"라고 주장하고, 성경을 자의적(자기 마음대로)으로 해석한다. 특히 성경의 중요한 부분들을 비유로 해석함으로서 성경의 본질을 왜곡한다. 이단들의 교리집이나 그들의 강의를 들어보면, 여지없이 성경의 "비유풀이"를 강조한다. 왜? 이들은 한결같이 "비유", "성경의 비유풀이"를 주장하는 것일까? 이들은 성경에 "비유"라고 하는 단어가 들어간 호세아12:10절, 마태복음 13:34,35절 등과 같은 몇 몇 본문을 인용하면서,마치 성경 전체가 비유로 되어있는 것처럼 "성경이 비유로 기록되었다"고 주장한다. 이단의 교주들이나 그들의 단체는 한결같이 "성경의 비유풀이"를 강조하는 데, 그들이 이와같이 "비유풀이"에 목을 메는 것은 무슨 이유일까?

### ▶ 비유풀이 주장에 인용되는 성경본문

- ▶ **호 12:10절,** 　내가 여러 선지자에게 말하였고 이상을 많이 보였으며 **선지자들을 빙자하여 비유를** 베풀었노라

- ▶ **겔 20:49절,** 　내가 가로되 오호라 주 여호와여 그들이 나를 가리켜 말하기를 그는 **비유로 말하는 자가** 아니냐 하나이다 하니라

- ▶ **마 13:10,11절,** 제자들이 예수께 나아와 가로되 어찌하여 저희에게 **비유로 말씀하시나이까** / 11) 대답하여 가라사대 **천국의 비밀을** 아는 것이 너희에게는 허락되었으나 저희에게는 아니 되었나니

- ▶ **마 13:34,35절,** 예수께서 **이 모든 것을** 무리에게 **비유로 말씀**하시고 **비유가 아니면 아무 것도 말씀하지 아니하셨으니** / 35) 이는 선지자로 말씀하신 바 내가 입을 열어 비유로 말하고 창세부터 감추인 것들을 드러내리라 함을 이루려 하심이니라.

　　이들의 주장은 이렇다. 하나님께서 선지자들에게 이상을 보여주셨으며, 또 비유로 말씀하셨다는 것이다(호12:10). 그러므로 선지자들은 "비유를 보고 성경을 기록한 사람들"이며, 또 "비유로 말씀을 전하는 사람들"이라는 것이다. 또 "예수님께서도 비유로 말씀하시는 분"이라는 것이다(마13:34). 특히 "천국의 비밀"을 비유로 말씀하셨다는것이다(마13:10,11). 즉 선지자들도 예수님도 "모두 비유로 말씀하시는 분"이라는 것이다. 신천지의 이만희씨는 여기에서 한 걸음 더 나아가 예수님께서 "천국의 비밀"을 비유로 말씀하셨기에 "이 비유를 풀어야 천국(天國)에 들어갈 수 있다"고 주장한다. 비유풀이를 구원론에까지 연결시켜서 엉뚱한 주장을 하는 것이다

## ▶ 비유풀이를 주장하는 이단들

자기 자신이나 자신들의 교주를 "하나님", "메시야", "재림주","보혜사" 등 이라고 신격화 하는 이단들은 모두 비유풀이 성격해석을 주장한다. 안상홍을 "육신을 입고 온 하나님"이라고 주장하는 하나님의 교회는 마24:30절의 "구름"을 "비유"라고 주장한다. 자기 자신을 "메시야" 라고 주장하는 통일교 문선명씨의 책『원리강론』에 보면, 창2장부터 비유풀이를 시작한다. 에덴동산의 "생명나무"와 "선악을 알게 하는 나무" 가 실제의 생명나무, 선악을 알게 하는 나무가 아닌 비유의 나무라고 주장한다(창2:9).재림예수교회의 자칭 재림 예수 구인회씨는 그의 책『새 하늘과 새 땅 지상천국은 재림예수 교회에서 이루진다』에서 p21, "성경은 … 비유와 비사와 상징과 거울 그림자로 되어있다"고 주장한다.  또한  이 시대 가장 심각한 이단 가운데 하나인 신천지 이만희씨 역시, 성경은 비유로 되어 있으며, 이 비유를 풀어야 천국에 갈 수 있다고 주장한다. 이와같이 이단들은 모두 공통적으로 비유풀이 성경해석을 강조한다. 그 이유는 무엇인가?

1) **문선명** / 『원리강론』, 통일교 교리책 1966

      1) 성경은 상징과 비유, 선악과 비유이다.  (생명나무- 아담  , 선악과- 하와) . p 72. 144

2) **구인회** / 『새하늘과 새 땅 지상천국은 재림예수교회에서 이루어진다』, p11(머릿말)

      1) 성경은 비유,비사,상징과 거울, 그림자.  p11

3) **정명석** / 『초급편』, 제1장  비유론  p101 /  비유의 중요성 p103

4) **이만희** / 『천지창조』 p18

      1) " 신약성경의 거의 모든 예언이 구약성경에 나오는 인명이나 지명(地名) 등을 빙자한

          비유로  기록되어 있다"

## ▶ 비유풀이 성경해석을 주장하는 사람들과 그 서적(책)들

### 1) 문선명 저서, 『원리강론』 p 72

아담과 해와는 그들이 선악과(善惡果)를 따먹으면 정녕코 죽으리라 하신 하나님의 말씀대로 따먹으면 죽을 줄을 알고 있었다. 그럼에도 불구하고 그들은 이것을 따먹었다. 기아(饑餓)에 허덕였을 리도 없는 아담과 해와가 먹을 것을 위하여 죽음을 무릅쓰면서까지 그렇게 엄중한 하나님의 말씀을 어겼으리라고는 생각되지 않는다. 그러므로 선악과는 어떠한 물질이 아니고, 생명에 대한 애착까지도 문제되지 않을 만큼 강력한 자극을 주는 다른 무엇이었음에 틀림없다. 즉 선악과가 이와 같이 물질이 아니라면 그것은 다른 무엇을 비유한 것으로 볼 수 밖에 없다. 성경(聖經)의 많은 주요한 부분이 상징이나 비유로 기록되어 있는 것이 사실인데, 무엇 때문에 선악과만은 굳이 문자대로 믿지 않으면 안 된단 말인가? 오늘날의 기독교 신도들은 모름지기 성서의 문자에만 붙들려 있었던 지난날의 고루하고도 관습적인 신앙태도를 버려야 하겠다.

선악과를 비유로 보아야 한다면 그것은 과연 무엇을 비유하였을 것인가? 우리는 이것을 해명하는 방법으로서 창세기 2장 9절의 '선악을 알게 하는 나무'와 함께 에덴동산에 있었다고 하는 '생명나무'가 무엇인가를 먼저 알아보기로 하자. 이 '생명나무'가 무엇인지를 알게 되면 그와 함께 있었던 '선악을 알게 하는 나무'가 무엇이라는 것도 바로 알 수 있겠기 때문이다.

### 2) 구인회 저서, 『새하늘과 새 땅 지상천국은 ..』 p 11

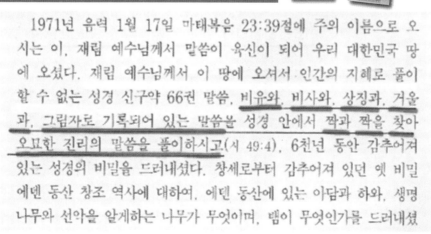

1971년 음력 1월 17일 마태복음 23:39절에 주의 이름으로 오시는 이. 재림 예수님께서 말씀이 육신이 되어 우리 대한민국 땅에 오셨다. 재림 예수님께서 이 땅에 오셔서 인간의 지혜로 풀이할 수 없는 성경 신구약 66권 말씀, 비유와, 비사와, 상징과, 거울과, 그림자로 기록되어 있는 말씀을 성경 안에서 짝과 짝을 찾아 오묘한 진리의 말씀을 풀이하시고(시 49:4). 6천년 동안 감추어져 있는 성경의 비밀을 드러내셨다. 창세로부터 감추어져 있던 옛 비밀 에덴 동산 창조 역사에 대하여. 에덴 동산에 있는 아담과 하와, 생명나무와 선악을 알게하는 나무가 무엇이며, 뱀이 무엇인가를 드러내셨

# 제 1 장  비 유 론(比喩論)

## 제 1 절  서  설

세상에서 성경처럼 광범위한 내용이 수록되어 있는 책은 없으며 유무형 세계의 온갖 비밀이 가득히 들어 있는 책은 없다. 창조주 하나님의 창세 이후로 숨긴 하늘과 땅의 비밀이 간직되어 있기때문에 성경에 대한 문제가 가장 큰 문제이다. 특히 성경 내용은 아무나 쉽게 해석할 수 없는 비유와 은유로 되어 있다. 따라서 이러한 성경을 풀고 이해하는데 가장 기본이 되는 것이 비유론이다. 성경의 비유가 풀리지 않고서는 그 속에 담겨있는 하늘의 비밀과 하나님의 천지창조의 목적, 또 더 나아가서는 인간 삶의 목적도 알 수 없는 것이다. 여기의 비유 해석은 성경의 근본 흐름을 인식시켜 주면서 하늘 말씀의 뜻과 성경을 통달하게 한다. 누구든지 본 강의를 통하여 성경 속의 의문이 속 시원히 풀어짐을 실감할 것이다.

□ 〈비유론 서문〉

세상에서 성경 책같이 광범위한 내용이 수록되어 있는 책도 없으며 세상 온갖 비밀이 이 같이도 가득히 들어 있는 책도 없다고 하겠다. 그것은 오직 창조주 하나님의 창세 이후로 숨긴 하늘의 비밀과 땅의 모든 비밀들이 간직되어 있기 때문이라 하겠다. 성경은 하나님의 말씀인고로 하나님이 깨우쳐 주지 않고서는 인간의 어떤 노력이나 연구로서는 감히 깨달을 수도 없고 그 비밀스런 말씀을 알 수도 없다고 하겠다. 비유론은 성경을 풀고 이해하는데 있어서 기본이 될 것이다. 누구든지 이 비유론을 읽을 때는 한결같이 이 책이 곧 선생이 되어 어두운 밤에 빛과 같이 확실하게 실감할 것이다. 이 비유론은 성경을 가르치는데 있어서 기본적 말씀이며 이 말씀을 기초로 하여 계속적으로 배울 것이 100 여편도 넘는다. 오직 이 책이 보다 늦게 나오게 되어 주님 앞에 자신이 얼마나 죄송한지 말을 못하겠다. 누구든지 이 책은 3번 이상 읽고 완전히 이해하고 터득하여 본인이 먼저 의미를 깨닫고 담대히 전하여 이 복음의 횃불을 높이 들어 주기를 바란다.(비유론 중,84.12.24)

## 제 2 절  성경과 비유

**3)-2. 정명석 교재, 『초급편』, p 103**

## II. 비유의 중요성(重要性)

비유를 깨닫고 못 깨닫고 함에 따라 하나님 나라의 비밀의 허락과 구원이 좌우된다.

눅 8: 9-10　　가라사대 하나님 나라의 비밀을 아는 것이 너희에게는 허락되었으나 다른 사람에게는 비유로 하나니 이는 저희로 보아도 보지 못하고 들어도 깨닫지 못하게 하려 함이니라 (= 마:13:10-11)

제자들이 어찌하여 유대 종교인에게 비유로 말씀하시는가? 를 물었을 때, 예수님께서 "하늘나라 비밀이 너희 곧 제자들에게는 허락되었으나 저희 곧 유대 종교인에게는 허락되지 않았기 때문이다"고 말씀하셨다. 곧, 유대교인들은 비유속에 갇혀 있으며 하늘 나라가 허락될 수가 없다는 것이다. **천국에 대한 비밀은 바로 말씀에 관한 비밀과 메시아에 관한 비밀**이다. 하늘 역사 및 인류사 최고 비밀의 주인공은 예수님이다. 예수님이 천국을 이루는 구원의 말씀 곧 천국 복음을 가지고 오셨다. 그때 당시 제자들은 예수님이 성경의 비유를 풀어 주실자 비로소 예수님을 구세주로 알아 볼 수 있었다. 그러나 비유속에 갇혀있던 사람들은 자신이 애타게 기다리던 자가 왔는데도 까맣게 모르고 있었다. 고로 **비유를 풀어 깨닫지 못하는 자는 구세주를 만날 수도 없고 천국에도 갈 수 없다**는 말과 같다.

막 4:34　　비유가 아니면 말씀하지 않고 다만 혼자 계실 때 제자들에게는 모든 것을 해석하시니라

이만희 저서,『천지창조』 p18

### 하나님께서는 영계와 육계를

창조하신 이래 이 두 세계가 하나 되게 하시려고 지금도 일하고 계신다(요 5:17, 마 6:10). 사람이 불순종하지 않았다면 그 목적을 이루기 위한 하나님의 재창조는 오늘날까지 계속되지 않았을 것이다. 장차 영과 육이 하나 되는 세계에 관해서는 하나님께서 예언하신 말씀을 깨닫지 않으면 알아보기조차 힘들다.

구약 성경의 예언서에 기록된 인명과 지명은 대부분 문자 그대로의 것이다. 그러나 신약 성경에는 거의 모든 예언이 구약 성경에 나오는 인명이나 지명 등을 빙자한 비유로 기록되어 있다. 비유로 봉해진 신약의 예언을 깨달아 지키지 않으면, 우리도 아담 때, 노아 때, 모세 때, 예수님 초림 때 사람들처럼 불신하여 구원을 얻지 못하게 될까 우려된다.

### 신천지 초급반 성경공부 목록 (1과 - 22과)

## 제1장 성경입문

제1과, 선, 악 구분

제2과, 성경개론

제3과, 신앙의 3대요소 (지식, 믿음, 행함)

## 제2장 비유론

제1과 성경과 비유

제2과 비유한 씨, 밭, 나무, 새

제3과 비유한 양식과 누룩

제4과 비유한 그릇, 저울, 지팡이

제5과 비유한 불, 향로, 지팡이

제6과 비유한 빛과 등대

제7과 비유한 보물, 부자, 노래

제8과 비유한 물, 샘, 강

제9과 비유한 바다, 어부, 그물, 고기, 배

제10과 비유한 짐승과 머리, 뿔, 꼬리

제11과 비유한 어린양의 피와 살, 포도주, 감람유

제12과 비유한 산

제13과 비유한 인, 나팔

제14과 비유한 돌, 우상

제15과 비유한 생물과 바람

제16과 비유한 죽음과 부활

제17과 비유한 신랑, 신부, 과부, 고아

제18과 비유한 예루살렘, 바벨론과 전쟁

제19과 비유한 천지와 해, 달, 별

제20과 비유한 이스라엘

제21과 비유한 시온

제22과 비유한 천국과 지옥의 열쇠와 비밀

☞ 주장 : 이런 비유를 가르치며, "비유를 깨달아야 천국에 갈 수 있다" 고 주장한다.

## ▶ 비유풀이를 주장하는 궁극적인 이유 (중요)

이러한 주장을 하는 사람들을 살펴보자!, 모두 자기 자신을 "하나님","메시야","재림주", "보혜사" 등 이라고 주장하는 이단의 교주들이다. 그럼 왜 이런 사람들은 한결같이 "비유풀이"를 주장하는 것인가?  대답은 너무 분명하고 간단하다. 첫째, 성경을 자기 마음대로 해석하기 위함이며(자의적 해석). 둘째, 자신이 이 시대의 구원자가 되기 위함이다(궁극적인 이유). 즉, 성경을 비유로 풀지 않고서는 이단 교주들이 절대로 "하나님", "메시야", "재림주" 가 될 수 없기 때문이다. 다음의 두 구절을 살펴보자.

▶ **마 24:30절**, 그 때에 인자의 징조가 하늘에서 보이겠고 그 때에 땅의 모든 족속들이 통곡하며 그들이 **인자가 구름을 타고 능력과 큰 영광으로 오는 것을 보리라**

▶ **계 1:7절**, 볼지어다 **구름을 타고 오시리라** 각인의 눈이 그를 보겠고 그를 찌른 자들도 볼 터이요 땅에 있는 모든 족속이 그를 인하여 애곡하리니 그러하리라 아멘

자신을 "재림예수", "메시야", "구원자" 등 이라고 주장하는 사람들이 자신의 추종자들에게 반드시 해석해 주어야 하는 성경구절이 있다. 바로 위의 구절이다. 이 구절을 해석해야 자신이 재림 예수가 될 수 있다. 마24:30절, 계1:7절 이 구절은 "인자가 구름을 타고" 오신다고 분명히 기록하고 있다. 재림 하시는 예수님은 분명히 "구름을 타고 능력과 큰 영광으로" 오신다. 그러면, "구름 타고 오시는 예수님"을 비유로 해석하지 않는 이상 이단 교주들이 "재림 주"가 될 수 있을까?  이단 교주들은 모두 하나같이 자신이 "메시야", "재림예수"라고 주장하는 사람들이다 . 그러면 이들이 반드시 마24:30절, 계1:7절의 "구름타고 오시는 예수님"을 설명해 주어야 한다. 즉 자신이 구름타고 온 예수임을 설명해 주어야  "재림예수"가 될 수 있다.

이것을 문자적(文字的)으로 해석하는 한 이단 교주들은 절대로 재림주가 될 수 없다. 그들은 실제로 구름을 타고 올 만한 신적 능력이 없기 때문이다. 그러나 여기서 "구름을 비유"라고 해석한다면 가능하다. "성경은 비유로 기록된  책"이기에, 여기에 "구름"도 실제 구름이 아닌 "비유이다" 라고 한다면, 이단 교주들이 얼마든지 "재림 주"로 둔갑할 수 있다. 즉 비유풀이 주장은 성경을 자기 마음대로 떡 주무르듯 해석하여, 자신이 재림주가 되기 위함이다. 그렇다면, 이단 교주들은 마24장 30절의 구름을 뭐라고 비유하는 것일까?

## ▶ 이단 교주들의  구름비유 풀이(마24:30)

**하나님의 교회, 안상홍씨** / 구름은 **"사람(육체)"**. 『하나님의 비밀과 생명수의 샘』 p128

**통일교, 문선명씨** /   구름은  **"중생한 성도들의 무리"**를 비유, 『원리강론』 p 533

**애천교회,  정명석씨** / 구름은 **"유대민족 자체(구약)" "기독교인(신약)"** 『초급편, 제1장 비유론』 p148

**재림예수 교회, 구인회씨** /   구름은 **"사람의 육체"**, 『 새하늘과 새땅 지상천국은 재림예수 교회

에서 이루어진다 』 p 616

**신천지, 이만희씨** / 구름은  **"영들"**을 비유함이다. 『예수 그리스도의 행전』 p198

이단 교주들이 처음부터 자신을 "하나님", "메시야", "구세주" 라고 밝혔다면, 사람들이 그렇게 쉽게 미혹되지는 않았을 것이다. 그러나 처음에는 자신을 감추고 이런 식의 성경공부(성경은 비유로 기록되었다)를 통하여 지속적으로 세뇌를 시키게 되면, 후에 "구름은 비유"이며, 바로 자신이 비유의 구름타고 온 사람이라고 하여도, 거부감 없이 그대로 믿게 되는 것이다. 가랑비에 옷 젖듯 그동안 "비유풀이"에 세뇌된 사람들은 저들의 주장을 액면 그대로 받아 드리게 되는 것이다.  바로 이것이 이단들이 그렇게 "성경의 비유풀이"를 강조하는 이유이다. 그러므로 거의 대 부분의 이단들은 처음부터 "성경의 비유풀이 해석"을 강조한다.

## ▶ 이단들의 구름비유 (마24:30 ; 계1:9)

| 이단 교주들 | 마24:30; 계1;9 (구름)비유 | 결론(자신의 신격화) |
|---|---|---|
| 안상홍(하나님의교회) | 사람(육체) | 자신의 육체에 오심( 재림예수 주장) |
| 문선명(통일교) | 사람(중생한 성도무리) | 성도들 가운데 자신이 탄생함 (메시야) |
| 정명석(JMS) | 사람(기독교인) | 기독교인 중에 자신이 탄생함 (메시야) |
| 구인회(재림예수교) | 사람(육체) | 자신의 육체에 오심 (재림예수 주장) |
| 이만희(신천지) | 영들 | 자신에게 영으로 오심( = 예수를 보는 것 ) |
| 전능하신 하나님교회 | 영, 말씀, | 흰 구름타고 이미 구주가 오셨다. |

☞ 이단들은 **구름**을 비유로 해석하며, 자기 자신을 신격화 한다.

## ▶ 정통교회의 해석(반증)

　　정통교회는 "성경은 비유로 기록되어 있다"는 주장을 받아들이지 않는다. 성경은 창세기 부터 요한계시록까지 모두 66권, 1.189장, 30.993절로 이루어져 있다. 이러한 방대한 분량의 성경이 모두 비유로 기록되어 있다는 말인가?  지극히 작은 몇 몇 본문들이 비유로 기록되어 있는 것은 사실이지만, 성경 전체가 비유로 기록되어 있는 것은 아니다. 성경에서 "비유로 말씀하시는 부분"은 비유로 받아 드린다. 그러한 경우에도 본문의 앞 뒤 문맥을 살펴보면, 거의 대부분이 성경안에서 그 비유의 의미를 바르게 해석할 수 있다. 이단들의 주장과 같이 과거에 감추어졌던 어떤 비유가 2.000년이 지난 오늘날 갑자기 어떤 교주(教主)를 통하여 알게 되는 비유의 비밀이란 존재하지 않는다.

　　더욱이 정통교회는 마24:30절의 "구름을 타고 능력과 큰 권능으로 " 의 구름이나, 계1:7절, "볼찌어다 구름을 타고 오시리라"의 "구름"을 비유로 해석하지 않는다. 여기서의 구름은 결코 "인간의 육체", "사람"이나 "영""을 비유하지 않는다. 여기의 구름은 실제적인 구름이다. 즉 문자적(文字的)으로 해석한다.  사도행전 1:9-11절, 예수님께서 구름속으로 승천하실때, 천사들이 "이 예수는 가심을 본 그대로 오시리라" 하였다. 그때의 구름도 역시 비유의 구름이 아니다. 실제의 가시적인 구름이다. 실제 구름 가운데 승천하신 예수님은 실제로 "가심을 본 그 모습 대로 구름을 타고" 오시는 것이다.

　　예수님께서 구름을 타고 오신다고 했을 때, 이것을 실제의 구음이 아닌 비유라고 주장하는 이단들은, "예수님이 손오공인가 실제 구름타고 오시게!" 라고 비아냥 거린다. 그러나 성경을 자세히 살펴보면 구약에서 부터  구름은 "하나님의 임재", "하나님의 영광","하나님의 권세"등을 나타내는 징표였다. 예수 그리스도께서는 성자 하나님으로서 십자가에서 죽으시고 부활, 승천하셨다, 이제는 심판주로서 영광과 권능의 모습으로 재림(再臨)하신다. 그때 실제의 구름이 하나님의 영광, 권세의 징표로서 나타나는 것이다.

## ▶ 구름타고 오심의 성경적 의미는 다음과 같다

### 1. 구름타고 오심의 "타고"의 의미

구름은 하늘에 속한 것으로, **성경에서 "하나님의 임재", "하나님의 영광", "하나님의 권세"**를 상징한다. '구름을 타고 오신다'고 할 때의 **'타고'의 의미는** 헬라어 ἐπι( 에피,1909) 라는 전치사로 **"~와 함께"** 라는 의미가 포함되어 있다.  즉 손오공이 구름을 타고 오는 그런 "타고" 의미가 아니라, **구름에 둘러싸여 있는 그런 "함께"의 의미이다.** (마 24:30)

### 2. 하나님의 영광의 임재 ( 솔로몬 성전 낙성식때 )

제사장이 성소에서 나올 때에 **구름이 여호와의 전에 가득**하매,  제사장이 **그 구름으로** 인하여 능히 서서 섬기지 못하였으니 이는 **여호와의 영광이** 여호와의 전에 가득 이었더라

(왕상 8:10 −11)

### 3. 하나님의 영광, 임재 ( 시내산에서 모세를 부르실때 )

모세가 산에 오르매 **구름이** 산을 가리며 / **여호와의 영광이** 시내 산 위에 머무르고 **구름이 육 일 동안 산을 가리더니** 제 칠 일에 **여호와께서 구름 가운데 모세를 부르시니라** 산 위의 여호와의 영광이 이스라엘 자손의 눈에 맹렬한 불같이 보였고 / 모세는 구름 속으로 들어가서 산 위에 올랐으며 사십 일 사십 야를 산에 있으니라 (출24:15-18)

위의 본문들을 살펴 볼 때, 위의 구름들을 비유로 해석할 수 있을까? 위의 본문들의 구름을 "사람" 이나 "육체", "영" 으로 해석 할 수 있는 가? 만일 그렇게 한다면 전혀 엉뚱한 해석이 되고 만다. 전혀 말이 되지 않는다. 그렇게 할 수 없다. 위의 본문에서 말 하는 구름들은 어떤 비유의 구름이 아닌 "실제 구름" 이기 때문이다. 성경에서 "하나님의 임재", "하나님의 영광", "하나님의 권세"를 나타 내실때 그 징표로서 구름을 사람들의 눈에 가시적으로 보이게 하셨다. 예수 그리스도의 임재하심도 마찬가지이다. 주님께서 최후의 심판주로서, 만왕의 왕으로서, 영광 가운데 재림 하실때, 구름은 그분의 영광을 드높이는 징표로서 사람들의 눈에 가시적으로 보게 하신다. 여기에 구름은 당연히 눈으로 볼 수 있는 실제 구름인 것이다.

▶ 학습 후 질문

1. 이단들이 "성경이 비유로 기록되어 있다"고 주장하는 근거(성경적)는 무엇인가?

2. 호12:10절과 마24:34,35절이 "신구약 성경이 비유로 기록되어 있다"는 것을 증명하는 구절인가?

3. 성경을 "비유와 비사로 풀어야 한다"고 주장하는 사람들은 누구인가?

4. 마24:30절, 계1:7절의 구름이 실제 구름이 아닌, "비유의 구름"인가?

5. 이단 교주들은 각각 "구름"을 뭐라고 비유하나?

6. 이단 교주들이 "구름을 비유"라고 공통적으로 주장하는 이유는 무엇인가?

7. 이들이 "성경의 비유, 비사풀이"의 비성경적인 주장을 하는 궁극적인 이유가 무엇인가?

# 5. 성경의 동방(땅끝, 해 돋는 곳)은 대한민국이다.

( 사41:2; 46:11절 등의 동방이 대한민국이라는 주장.)

# 5. 성경의 동방(땅 끝, 해 돋는 곳)은 대한민국이다.

　　"성경에서 말하는 '동방(東方)', '땅 끝'은 대한민국이다." 라는 이 우스꽝스러운 주장 역시 대한민국에서 출생한 이단 교주들이 주장하는 공통교리이다 한국교회 이단의 시조(始祖) 격인 새주파 김성도(1882-1944)가 직통계시를 받아 "재림주가 한국에서 태어난다"는 주장을 한 이래로, 이들의 계보에 속해 있는 이단 교주들은 성경 이사야서와 계시록에 나오는 "동방", "땅 끝", "해 돋는 곳"이 대한민국이며, 여기에 오리라고 예언된 인물(구원자)이 바로 자기 자신(自身)이라는 주장을 펼치고 있다. 이사야서 46장11절 "나의 모략을 이룰 자를 동방에서 부를 것이다" 이와같이 "동방(東方)"이라는 단어가 들어가 있는  본문을 "동방"이 "대한민국"이요. 자신은 이 예언의 말씀을 이루려고 나타난 "모략을 이룰 자", 즉 "구원자"라는 주장이다. 유치한 것은 대한민국에서 태어난  재림 주들은 동방(東方)을 대한민국이라고 동일하게 주장하고 있으면서도, 그 "모략을 이루 자"는 각기 자기 자신이라고 주장하는 것이다. 이러한 터무니 없는 주장은 성경을 "사사로이 풀지 말라"(벧후1:20), "억지로 풀지 말라"(벧후3:16)는 성경의 경고를 무시하는 처사이다.

## ▶ 성경본문

▶ 사 46:11절　　내가 **동방에서 독수리를 부르며** 먼 나라에서 **나의 모략을 이룰 사람을 부를 것이라** 내가 말하였은즉 정녕 이룰 것이요 경영하였은즉 정녕 행하리라

▶ 사 41:2절　　누가 **동방에서 사람을 일으키며** 의로 불러서 자기 발 앞에 이르게 하였느뇨 열국으로 그 앞에 굴복케 하며 그로 왕들을 치리하게 하되 그들로 그의 칼에 티끌 같게, 그의 활에 불리는 초개 같게 하매

▶ 사 24:15,16절　　그러므로 너희가 **동방에서 여호와를 영화롭게 하며** 바다 모든 섬에서 이스라엘 하나님 여호와의 이름을 영화롭게 할 것이라 / **땅 끝에서부터 노래하는 소리가** 우리에게 들리기를 의로우신 자에게 영광을 돌리세 하도다 그러나 나는 이르기를 나는 쇠잔하였고 나는 쇠잔하였으니 내게 화가 있도다 궤휼자가 궤휼을 행하도다 궤휼자가 심히 궤휼을 행하도다 하였도다

▶ 사 41: 9절　　내가 **땅 끝에서부터 너를 붙들며** 땅 모퉁이에서부터 너를 부르고 네게 이르기를 너는 나의 종이라 내가 너를 택하고 싫어버리지 아니하였다 하였노라

▶ 사 41:25절, 내가 한 사람을 일으켜 북방에서 오게 하며 내 이름을 부르는 자를 **해 돋는 곳**에서 오게 하였
나니 그가 이르러 방백들을 회삼물 같이, 토기장이의 진흙을 밟음 같이 밟을 것이니

▶ 계 7:2,3절, 또 보매 다른 천사가 살아 계신 하나님의 인을 가지고 **해 돋는 데**로부터 올라와서 땅과 바다
를 해롭게 할 권세를 얻은 네 천사를 향하여 큰 소리로 외쳐 / 가로되 우리가 우리 하나님의
종들의 이마에 인치기까지 땅이나 바다나 나무나 해하지 말라 하더라

## ▶ 동방(땅 끝, 해 돋는 곳)이 대한민국이라고 주장하는 이단들

이런 주장을 하는 이들은 하나님의 교회(안상홍, 장길자), 통일교(문선명),  신천지(이만희),
애천교회( JMS, 정명석), 재림예수교회(구인회) 등이 있다.

**하나님의 교회, 안상홍** / .『하나님의 비밀과 생명수의 샘』 p 41 "동방에서 한 선지자" 주장

p 246.247 " 동방의 끝이 한국이다"

**통일교, 문선명** / 『원리강론』 p 550, 3절, 동방의 그 나라는 바로 한국이다.

p 546- 551 제3절, 예수님은 어디로 재림하실 것인가?

p 549, 2절, 예수님은 동방의 나라로 재림하신다.

p 567, 에수님은 한국어를 사용, 한국어는 조국어가 된다

**신천지, 이만희** / 『계시록의 진상』 p 31.32, " 동방, 땅 끝, 땅 모퉁이, 해돋는 곳 한반도이다."

『계시록의 진상2』 p 49.50, " 사41장, 계7장의 해돋는 동방은 우리나라이다:"

『신천지발전사』 p 4 " 땅 끝, 해 돋는 동방, 한반도 과천 소재 청계산...예언의 종결 "

**애천교회, 정명석(JMS)** / 『비유론』 p 56 " 사46:11절의 동방은 한국이다 "

『역사편』 p 119 " 재림의 역사는 동방의 우리나라에서 "

『고급편』 p 253,254 " 재림의 역사는 동방의 나라 한반도에서 "

**재림예수교회, 구인회 (재림예수)** / 『새하늘과 새땅 지상천국은 재림예수교회에서 이루어진다』

p 493. p498 " 동방, 해 돋는 곳, 땅 끝,  땅 모퉁이는  경남 마산이다"

☞ **전능하신 하나님교회** (중국이단) / 『마24:27, 번개가 동편에서 나서 .. 동방= 중국이다』주장.

## ▶ 동방 = 대한민국 이라고 주장하는 사람들과 그 서적(책)들

**안상홍 저서, 『하나님의 비밀과 생명수의 샘』, p247**

**사 41장 2절** 『누가 동방에서 사람을 일으키며 의로 불러서 자기 발 앞에 이르게 하였느뇨 열국으로 그 앞에 굴복케 하며 그로 왕들을 치리하게 하되 그들로 그의 칼에 티끌 같게 그의 활에 불리는 초개 같게 하매』 하셨고, 또는

**사 46장 11절** 『내가 동방에서 독수리를 부르며 먼 나라에서 나의 모략을 이룰 사람을 부를 것이라 내가 말하였은즉 정녕 이룰 것이요 경영하였은즉 정녕 행하리라』 하였다.

그러므로 요한계시록 7장 2-3절의 인치는 사업이 동방 끝인 한국에서 일어날 것을 보고 예언한 것이다. 그러나 일차적으로는 육신적 이스라엘 백성들에게 예언이 성취되었으니, 바벨론에 포로가 된 이스라엘 백성들을

**하나님의 교회 주장 (동방, 땅 끝 = 대한민국 주장)**

## 동방에 오신 하나님

하나님 구원의 인치는 역사 유월절의 시작

한국 예언 따라 동방에 오신

그리스도 안상홍님

(이사야41:2)

이스라엘
이사야선지자가
예언을 본장소

대한민국
동방의 땅끝 나라
해돋는 곳

밧모섬
사도요한이
예언을 본장소

[ 자료참고 : http://blog.daum.net/gyeongsuk2259/318 ]

문선명 저서,『원리강론』제6장 재림론, p549

## Ⅱ. 예수님은 동방의 나라로 재림하신다

마태복음 21장 33절 이하에 예수님이 비유하여 말씀하신 대로, 유대인들은 예수님을 십자가에 내줌으로써 포도원 주인의 아들을 살해한 농부의 입장으로 돌아가고 말았다. 그러면 유대인들로부터 빼앗은 하나님의 유업(遺業)을 상속받아 열매 맺을 나라는 어느 나라일 것인가? 성서는 그 나라가 동방(東方)에 있다고 가르쳐 주고 있다.

요한계시록 5장 1절 이하의 말씀을 보면, 하나님의 오른손에는 안팎으로 말씀을 기록하고 일곱 인(印)으로 봉한 책이 쥐어져 있는데,

문선명 저서,『원리강론』제6장 재림론, p550

## Ⅲ. 동방의 그 나라는 바로 한국이다

이제까지 위에서 밝힌 바와 같이, 예수님은 아브라함의 혈통적인 후손에 재림하시지 않고 그들의 유업(遺業)을 상속하여 열매 맺는 나라에 재림하실 것을 우리는 알았고, 또 그 열매 맺는 나라는 동방나라 중의 하나라는 것도 알았다. 자고로 동방나라는 한국, 일본, 중국 등 동양 3국을 말한다. 그런데 그중의 일본은 대대로 천조대신(天照大神)을 숭배해 온 나라로서, 더구나 전체주의국가(全體主義國家)로서 재림기(再臨期)를 당하였었고, 또 앞에 논술되어 있는 바와 같이 그 당시 한국의 기독교를 혹독히 박해한 나라였던 것이다(후편 제5장 제4절 Ⅲ 3 참조). 그리고 중국은 공산화(共産化)해 온 나라이다. 그렇기 때문에 이 두 나라는 모두 사탄편 국가인 것이다. 그러므로 단적으로 말해서 예수님이 재림하실 동방의 그 나라는 바로 한국인 것이다.

**이만희 저서, 『계시록의 진상』 1985년.  p31**

(1) 열매 맺는 백성은 해돋는 나라

∗또 보매 다른 천사가 살아계신 하나님의 인을 가지고 해 돋는 데로부터 올라와서…인맞은 자들이 십 사만 사천이니…(계 7 : 2~4)
∗…누가 동방에서 사람을 일으키며 의로 불러서 자기 발 앞에 이르게 하였느뇨…나 여호와라(사 41 : 1~4)
∗내가 땅 끝에서부터 너를 붙들며 땅 모퉁이에서부터 너를 부르고 네게 이르기를 너는 나의 종이라 내가 너를 택하고 싫어버리지 아니하였다 하였노라(사 41 : 9)
∗…내가 동방에서 독수리를 부르며 먼 나라에서 나의 모략을 이룰 사람을 부를 것이라 내가 말하였은즉 정녕 이룰 것이요 경영하였은즉 정녕 행하리라 (사 46 : 10~11)

이상의 말씀의 결론은 한결같이 동방 한반도요 땅 끝이요 땅 모퉁이다.  이곳이 해돋는 곳이다.
주의 길을 예비하기 위해 언약으로 펼친 교단 세례 요한의 제단이 어찌하여 성경의 예언적 배경 없이 출현 할 것인가? 사도 요한이 보았던 일곱 교회가 아시아에 있었던 것도 우연이 아니다. 하나님의 종들의 이마에 인을 치는 천사는 동방의 해 돋는 나라에서 올라 왔다. 하나님의 모략을 성취할 자는 동방에서 부름을 받는다. 이 모든 말씀의 주장을 결코 흘러 넘겨서는 안된다.

**정명석 교재, 『비유론』, p56**

"내가 동방에서 독수리를 부르며 먼 나라에서 나의 모략을 이룰 사람을 부를 것이라 내가 말했은즉 정녕 이룰 것이며 경영하였은즉 정녕 행하리라"(사 46:11)

이 성경의 독수리를 문자 그대로 푼다면 어찌 독수리로 하나님의 뜻을 이룰 수가 있겠는가. 독수리 역시 사람을 두고 비유한 것이며 하나님의 큰 뜻을 이루기 위하여 보낸자 곧 메시아를 독수리로 비유한 것이다. 동방의 독수리라고 했으니 동방은 과연 어느 곳이며 어느 민족을 두고 얘기한 것인지를 알아야 되겠다. 동방은 아시아 즉 중국, 일본, 한국 등을 들 수가 있으나 하나님은 종교의 종주국인 한국을 말한 것임이 틀림없다. 중국은 복음과는 먼 나라이고 일본은 아직도 미신적 토착신앙을 벗어나지 못하고 있으며 한국은 신교와 구교를 합한다면 1천만명의 기독교인이 오실 주님을 기다리며 살고 있는 나라이다.

**구인회 교리책, 『새 하늘과 새 땅은 재림 예수교회에서..』, p 495**

## ◉ 동방 해 돋는 곳

우리나라에 신령종단 교주들이 이사야 41장, 이사야 46:11절, 계시록 7:2절에 동방·해 돋는 곳·땅 끝·땅 모퉁이를 한국으로 해석하고, 동방에서 나오는 의인이 서로 자기 자신이라고 주장하면서, 동방의 의인을 하나님이라고 해석하는 신령종단 교주도 있고, 동방의 의인을 재림 예수로 해석하여 자기가 동방의 의인, 재림 예수인체 하는 신령종단 교주도 있다. 그러나 그들이 말하는 것은 성경 말씀에 맞지 않는다. 이사야 41장에 동방·해 돋는 곳·땅 끝·땅 모퉁이에서 일으키는 한 사람, 의인은 하나님이나 재림 예수가 될 수 없다. 동방·해 돋는 곳·땅 끝·땅 모퉁이에서 올라오는 사람, 동방의 의인은 하나님께서 택한 야곱이다. 이 야곱은 구약의 야곱이 아니라 마지막 지상 천국을 유업 받는 야곱(한 선지자), 재림 예수님께서 세운 한 선지자를 말한다(겔 33:33). 동방의 의인이 왜 야곱이며, 한 선지자인가 성경 말씀에서 알아보자!

**구인회, 『새 하늘과 새 땅은..』, p498**

498 - 동방의 의인에 대하여

다는 말씀이며, 하나님께서 동방의 의인, 야곱(한 선지자)을 불러 북방에 있는 방백(왕들, 거짓 선지자, 겔 22:27-28)들을 짓밟아 내어쫓는다는 말씀이다.

북방(서울)
시온산(재림 예수 교회)

동방·해돋는 곳
땅 끝·땅 모퉁이
(마산)

이사야 41장에 하나님께서 함께하시는 의인·야곱(한 선지자)은 동방·해 돋는 곳·땅 끝·땅 모퉁이에 있었고, 열국, 왕들, 방백, 우상(거짓 선지자)들은 북방에 있는 시온·예루살렘에 있었다고 이사야 41:21절, 이사야 41:25절, 이사야 41:27-29절에 증거 되어있다. 이사야 41장 말씀은 마지막 때에 이루어지는 예언의 말씀이다. 이 말씀은 하나님의 나라가 이루어지는 대한민국 땅을 기준으로 하여 해석해야한다. 이 말씀에 북방은 서울을 말하며, 동방·해 돋는 곳·땅 끝·땅 모퉁이는 북방(서울)에서 멀리 떨어진 곳, 경남 마산을 기준 잡아야 한다. 동방·해 돋는 곳·땅 끝·땅 모퉁이, 의인·야곱은 경남 마산지관 교회에 한 선지자를 말하며(겔 33:33), 북방(서울)·시온·예루살렘은(재림 예수 교회 본관이며, 겔 4:1, 사 33:20-24), 시온·예루살렘(재림 예수 교회)에 있는 열국, 왕들, 방백, 우상들은 거짓 선지자들을 말한다(사 1:21-23, 겔 22:27-28).

## ▶ 정통교회의 "동방", "땅 끝", "해돋는 곳" 해석(반증)

우리는 위에서 사46:11절이나 계7:2절 그 외의 여러 본문에 나오는 "동방(東方)", "땅 끝"", "해 돋는 곳"을 대한민국이라고 주장하는 사람들을 살펴보았다. 이런 주장을 하는 사람들은 어떤 사람들이었나? 모두 자신을 "하나님","메시야", "재림주", "보혜사" 등으로 신격화 하여 한국 교회의 주요 교단들로부터 이단으로 판정받은 사람들이었다. 상식적으로 "동방(東方), 땅 끝, 해돋는 곳" 이 대한민국이라고 가르치면서, 그 주인공은 각각 자기 자신이라고 주장한다는 것은 얼마나 유치한 일인가? 이러한 유치한 주장을 하는 것을 보더라도 이들의 성경해석은 자기 마음대로 해석하는 자의적이며 비성경적인 해석임을 알 수 있다.

한국을 "동방예의지국 "이라고 한다고 하여, 성경에 나오는 "동방(東方)"을 무조건 "대한민국"이라고 해석 할 수 없다. 성경에는 동방이라는 단어가 많이 나온다. 창2:8절, "동방에 에덴에 동산을 창설하시고" 에서 부터 계16:12절, "동방에서 오는 왕들의 길이 예비되더라" 까지 많은 "동방"이야기 나온다. 또한 "땅 끝", "해 돋는 곳"도 여러 본문에서 나온다. 성경에 나오는 동방(東方)이 "대한민국"을 의미 한다는 것인가? 마2:1절에는 예수님의 탄생을 축하 하기위하여 온 동방(東方)의 박사들도 있었다. 그렇다면 이 동방 박사들도 대한민국 박사들이란 말인가?

사46:11절의 "내가 동방에서 독수리를 부르며"의 히브리어 "동방" מִזְרָח (미즈라흐,4217)이란 "동쪽"이라는 단어이다. 말 그대로 이스라엘의 동쪽을 의미한다. "나의 모략을 이룰 사람"이란 역사적인 사건에서 알 수 있듯이, 바벨론을 멸망시키고 이스라엘을 70년만에 귀환시킨 페르시아의 고레스 왕을 의미한다. 사41:9절과 같이 " 땅 끝"이라는 표현은 동서남북의 상관없이 "아주 먼 곳"을 의미한다(사28:49,렘6:22, 단4:22, 행1:8). 그리고 사41:25절, "해 돋는 곳"역시 "동방"이라는 뜻이며, 당시 고레스의 왕의 출생지 바사를 의미한다. 계7:2절 "해 돋는 곳에서"는 헬라어 "ἥλιος ἀνατολη ἀπο" (헬리오스(태양,2246) 아나톨레(동쪽, 4217) 아포(~에서 부터, 575))로서 "해 뜨는 동쪽"을 의미한다. 이와같이 이사야서나 계시록에 기록하고 있는 "동방", " 땅 끝", "해 돋는 곳"은 단어 그대로 "동쪽", "먼 곳"을 의미하며, 사46:11절, "나의 모략을 이룰 자"와 같이 동방에서 일어나는 자는 "페르시아왕 고레스"를 의미하는 것이다. 결코 대한민국에 출현하는 이단 교주들을 의미하지 않는다.

▶ 학습 후 질문

1. 성경에 나오는 "동방, 땅 끝이 대한민국이다"라고 주장하는 성경적 근거는 무엇인가?

2. 이단들이 "동방(東方)이 한국이다"라고 주장할 때 인용하는 구절은 어디인가?

3. 사41:1,9절, 사 46:11절의 "동방" 과 "땅 끝"이 대한 민국인가?

4. "동방이 대한민국"이라고 주장을 하는 사람들은 어떤 사람들인가?

5. 성경 사41:1,9절, 사 46:11절의 "동방" 과 "땅 끝" 은 실제로 어디를 나타내는가 ?

6. 이단 교주들이 "동방이 한국이다"라고 주장하는 궁극적인 이유는 무엇인가?

# 6. 세례 요한은 배도자이다.

( 세례 요한은 천국 밖의 사람이다. 주장 )

# 6. 세례 요한은 배도자이다.

### (세례 요한은 천국 밖의 사람이다. 주장)

이 교리는 제목 그대로 "주의 길을 예비하며 회개를 선포했던 사가랴의 아들 세례요한(마 3:2)이 주님을 배반(배도)했다"는 교리이다. 이 교리는 통일교의 문선명씨가 그의 책『원리강론』에서 처음으로 주장한 이래로, 그의 뒤를 따르는 대한민국의 토종 이단들은 "세례요한이 실족했다", "세례요한이 배도했다"는 터무니 없는 주장을 한다. 성경에 세례요한에 관한 기사는 그리 많지 않기에, 세례요한과 관련된 신약성경의 본문들을 주의 깊게 읽어보면 금방 그 진위가 가려짐에도 불구하고, 이단들이 공통적으로 이러한 거짓된 주장을 하는 것은 어떤 의도(意圖)가 있기 때문이다. 성경에서 기록하고 있는 세례요한은 분명히 "주의 길을 예비하며 평탄케"하러 온 자요(마3:3), "의의 도를 전하던 자요"(마21:32), "주님께 칭찬 받은 자", "맡은 사명 감당하다가 순교한 자" 임이 분명하다.

그럼에도 불구하고, 이단들이 엉뚱하게 "세례요한이 실족했다", "세례요한이 예수님을 배반(배도)했다"라고 주장하는 것은 하나님의 말씀에 더하거나 빼지 말라(신4:2, 12:32)는 경고를 무시하고, 성경에 기록된 말씀마저 부정하는 거짓되고 반성경적인 주장이 아닐 수 없다. 여기에서 한 걸음 더 나가 신천지의 이만희씨는 세례요한은 배도(背道)하여서 천국을 빼앗기고, 결국 "천국 밖의 사람"이 되었다고 주장한다. 다시말하면 세례요한은 천국에 못들어 갔다는 주장이다.

## ▶ 세례요한이 배도자라고 주장하며 인용하는 성경본문

▶ **마 11:2,3절**  요한이 옥에서 그리스도의 하신 일을 듣고 제자들을 보내어 / 예수께 여짜오되
  **오실 그이가 당신이오니이까 우리가 다른 이를 기다리오리이까**

▶ **마 11:7절**  저희가 떠나매 예수께서 무리에게 요한에 대하여 말씀하시되 너희가 무엇을 보려
  고 광야에 나갔더냐 **바람에 흔들리는 갈대냐**

▶ **요 3:26절**  저희가 요한에게 와서 가로되 랍비여 선생님과 함께 요단 강 저편에 있던 자 곧
  선생님이 증거하시던 자가 세례를 주매 **사람이 다 그에게로 가더이다**

▶ **마 9:14절**  그 때에 요한의 제자들이 예수께 나아와 가로되 **우리와 바리새인들은 금식하는데**
  어찌하여 당신의 제자들은 금식하지 아니하나이까

### ▶이들의 본문 해석

이단들은 성경을 문맥(文脈)으로 보지않고, 자신들이 원하는 구절만 따로 떼어내 자의적으로 해석한다. 이들은 위의 본문들을 이렇게 해석한다. 마11:3절, "오실 그이가 당신이오니이까 우리가 다른 이를 기다리오리이까" 이 질문을 하게 된 이유가, 세례요한이 마지막 순간에 감옥에서 "예수님을 의심"하였다는 것. 즉 예수님에 대한 "믿음을 저버렸다"는 것이다. 그래서 이와 같이 질문을 하였다는 주장이다. 마11:7절의 "바람에 흔들리는 갈대냐", 예수님께서 세례요한을 향하여 "바람에 흔들리는 갈대냐"라고 말씀하신 것은 세례요한의 믿음이 갈대와 같이 흔들렸기 때문이라고 주장하는 것이다.

요3:26절, "세례를 주매 사람이 다 그에게로 가더이다" 이 본문은 세례요한은 예수님이 오셨음에도 불구하고 예수님을 따르지 않고 오히려 자기 자신의 교단을 만들어 따로 세례를 주고 다니며 예수님과 대립하였다는 것이며, 마9:14절, "우리와 바리새인들은 금식하는데", 이 구절은 세례요한이 예수님을 배반하고 바리새인들과 한 통속이 되었음을 증거하는 결정적인 구절이라는 것이다. 이유는 세례요한과 바리새인들이 한 통속이 되었기에 함께 금식(禁食)하였다는 것이다. 더욱이 세례요한이 예수님을 배도(背道)하고, 바리새인들과 결탁하여 자신의 교세를 확장시키다가, 또 정치에 관여하다가 결국 헤롯왕에게 비참한 죽음을 당하게 되었다고 주장한다.

### ▶ 세례요한이 배도자라고 주장하는 이단들

가장 먼저 세례요한을 배도자라고 주장한 사람은 통일교의 문선명씨이다. 그는 자신의 책 『원리강론』에서 그 내용을 밝히고 있다. 그 뒤를 이어 애천교회( JMS, 정명석), 신천지(이만희),등이 이러한 교리를 주장하고 있다.

#### 통일교, 문선명 / 『원리강론』1955년

> p 179, " 세례요한의 무지와 불신...이러한 천적 비밀을 밝힌 사람은 하나도 없었다.
>
> p 172, "세례요한의 불신 / 세례요한의 무지는 유대인들이 예수님께 갈 수 없었던 원인"
>
> p 173. "(세례요한이) 예수님의 증언을 부인하고, 섭리의 방향과 길을 달리했다. "
>
> p 178, " 세례요한의 무지는 예수님을 십자가의 죽음의 길을 가게한 큰 요인이었다"

**애천교회, 정명석(JMS)** / 『고급편』 p 32 　"세례요한의 무지 / ... 예수님을 몰라보았다 "

p 34 　"세례요한은 예수님과 하나되지 못하고 따로 놀았다. "

p 35 　"세례요한이 잘못된 신앙 철학관을 가지고 있었다. "

p 41 　"세례요한이 실족하였다."

p 43 　"겉 보기에는 순교의 죽음 같아도, 순교가 아니라

실상은 개죽음이요 실족자에 대한 심판이었다"

**신천지, 이만희** / 『신 탄』 p 229, "따로 세례를 주고 ... 이는 세례요한이 예수를 버렸음을 의미한다."

p 230, "세례요한은 ... 배도자의 길을 걸어 가고 말았더 것이다."

『예수그리스도의 행전』 p 92 　" 끝내 바람에 흔들리는 갈대처럼.. 믿음을 저버린 배도자가 되었다"

" 세례요한은 천국 밖의 사람이다 "

## ▶ 세례요한 배도자론을 주장하는 사람들과 그 서적(책)들

**문선명 저서, 『원리강론』 p179 / 최초 세례요한 배도자 주장**

## V. 성서를 대하는 우리의 태도

우리는 위에서 성서의 말씀에 의하여 예수님에 대한 세례 요한의 무지와 불신은 유대인들의 불신을 초래하였고, 유대인들의 불신은 마침내 예수님으로 하여금 십자가(十字架)의 길을 가시게 하였다는 사실을 알았다. 그러나 예수 이후 오늘에 이르기까지 이러한 천적(天的)인 비밀을 밝힌 사람은 하나도 없었다. 이것은 세례 요한을 무조건 위대한 선지자라고 단정하는 입장에서만 성서를 보아 왔던 까닭이다.

우리는 인습적인 신앙 관념과 구태(舊態)를 벗어 버리기를 두려워

## Ⅲ. 세례 요한의 불신

위에서 상론(詳論)한 바와 같이, 당시의 제사장(祭司長)이나 전유대인들이 세례 요한을 숭경(崇敬)하던 마음은 그를 메시아로 생각하는 데까지 이르렀던 것이다(눅 3 : 15, 요 1 : 20). 따라서 만일 세례 요한이 자기가 바로 예수님이 증언하신 그대로의 엘리야라는 것을 선포하고 나섰더라면, 메시아를 맞기 위하여 엘리야를 고대하고 있었던 전유대인들은 이러한 세례 요한의 증언을 믿게 되어 모두 예수님 앞으로 나왔을 것임에 틀림없다. 그러나 끝내 자기는 엘리야가 아니라고 주장한 세례 요한의 하나님의 섭리에 대한 무지는 유대인들이 예수님 앞으로 나아갈 수 없었던 주요한 원인이 되었던 것이다.

결과적으로 보면, 세례요한의 죽음은 책임 분담을 못해서 죽은 것이요 나아가서 무지가 자기를 죽였다는 것이다. 겉.보.기에는 순교의 죽음 같아도 순교가 아니라 실상은 개죽음이요 실족자에 대한 심판이었다는 것이다. 세례요한은 순교자, 순천자가 아니라 역적으로 끝났다는 것을 알아야 한다 성경의 근본 뜻을 자세히 보지 못함으로 인하여 역사 앞의 실패자를 무조건 순교한 위대한 선지자로 믿고 받들고 있으니 얼마나 잘못된 일인가?

자기 사명을 모르면 안된다! 세례요한이 예수님을 진정 메시아로 알아보고서 모시고 다니면서 늘 물어봤어야 한다. 혜롯에 대한 것도 예수님께 물어봤으면 예수님이 외칠 것인가 안외칠 것인가 지혜롭게 처리하시면서 코우치(coach)를 했을 것이다. 메시아와 일체 되지 못하고 증거할 못한 죄가 실로 컸다는 것이다. 만사적 모든 일을 하나님과 같이 하면 이상이 없다는 것이다.

**신천지,『 신탄 』 p230 / 제4장, 세례요한 배도론**

인류 앞에 신랑은 하나님의 독생자 예수 그리스도 한 분 뿐이시다. 그럼에도 불구하고 세례요한이 자칭 예수의 친구라 함은 곧 자신이 그리스도임을 자처한 행위로 보아야 할 것이다. 그리하여 세례요한은 자기 지위를 지키지 아니하고 자기 처소를 떠나 배도자의 길을 걸어가고 말았던 것이다. 세례요한이 메시야의 자리까지 넘보다가 배도사의 전철을 밟아 4천 년 닦아오신 하나님의 공들인 섭리 역사가 또 다시 무너졌음을 알고 있는 사람은 드문 것 같다. 역대에 부름받은 예비 제단 첫 장막의 사자들이 처음에는 순종하다가 교세가 커지면 영광을 하나님에게 돌리지 아니하고 자신에게 돌리다가 멸망에 이르게 된 것이다. 세례요한의 경우도 결코 예외는 아니었다.

**신천지 ,『 예수 그리스도의 행전 』 p92 / 세례요한, 천국 밖의 사람**

세례 요한은 예수님의 길을 예비했던 사자이기에, 실로 역대 여자가 낳은 사람 중에 가장 큰 자라는 말이 옳다. 그는 그리스도가 오실 것을 예언한 선지자 가운데 마지막 선지자인 동시에, 그리스도를 직접 보고 그리스도께 세례까지 베풀었던 사람이다.

그러나 예수님께서는 '천국에서 지극히 작은 자도 세례 요한보다 크다.' 하시고, '천국은 세례 요한 때로부터 침노를 당했다.' 고 하셨다. '천국에서 지극히 작은 자도 세례 요한보다 크다' 는 것은 세례 요한이 천국 밖의 사람이라는 말이다.

오늘날 많은 교회가 세례 요한을 순교자로 추대하고 있으나, 예수님의 평가는 이렇게 판이하게 다르다. 세례 요한을 천국의 외인(外人)이라 하신 것은 그가 처음 믿음을 버리고, 본장에 기록된 것과 같이 그리스도를 의심하는 배도자로 변질되었기 때문이다.

## Tip. 이단 교주들에게 세례요한이 배도자가 될 수 밖에 없는 필연적 이유

자기 자신을 "재림주", "메시야"라고 주장하는 이단 교주들이 이런 주장을 하게 되는 것은 그들만의 이유가 있다. 세례요한이 배도자가 될 수 밖에 없는 필연적인 이유이다. 그 이유를 간단히 설명하자면, 이단교주들은 모두 자기 자신을 "재림주", ""메시야"라고 주장하기 전에, 이미 어떤 이단 단체에 속하여 자신이 섬기고 있던 "재림주", "메시야" 들이 있었다. 즉 "선배", "스승"격인 주님, 메시야들인 셈이다. 그러므로 자신이 "재림 주" 임을 주장하려면, 앞서 자신들이 섬기던 "재림 주"와의 관계를 설명해야 한다. 이 과정에서 앞에 있던 "재림주", "메시야" 들은 필연적으로 배도(背道)한 세례요한격이 되어야 하는 것이다.

1) **문선명 ◀ 정명석** / 자신이 섬기던 앞의 사람을 세례요한격으로 비유한다.

2) **박태선 ◀ 구인회** / 세례요한격으로 비유 (등불사자, 길예배사자)

3) **유재열 ◀ 이만희** / 자신이 섬기던 앞의 사람을 세례요한격으로 비유한다.

1) 자칭 메시야 정명석씨가 전에 섬기던 사람은 통일교의 문선명씨였다. 문선명씨의 스승은 김백문씨였다. 2) 자칭 재림예수 구인회씨가 전에 섬기던 사람은 전도관의 박태선씨였다. 3), 이만희씨가 전에 섬기던 교주는 장막 성전의 유재열씨였다.  이 사람들이 자신이 이 시대에 "재림주"라고 주장하기 선에 이미 자신이 믿고 따르던 "재림 주", "보혜사", "메시야"가 있었던 것이다. 그렇다면 본인이 메시야가 되기 위해서는 얼마전까지 자기가 믿고 따르던 앞의 교주들과의 관계를 설명해야 한다. 즉 자신이 이 시대의 메시야인 것에 대한 정당성의 설명이다. 이런 상황에서 나오는 교리가 바로 "세례요한 배도자 교리"인 것이다

이들은 자신이 메시야라고 주장하기 시작하면서부터 자신이 그동안 믿고 섬기던 교주들을 "세례요한격으로 온 사람"이라고 격하(格下)시킨다. 자신들 앞에 있던 교주들은 사실은 "재림 주"가 아니었고, 단지 "세례요한격" 이었으며, 진짜 "재림 주"는 바로 자신(自身)이라는 주장이다. 이 세례요한격인 사람들이 재림 주로 온 자신을 못 알아 보고, 자신을 핍박하고 대항하였다는 것이다(어떤 이단교주가 자기 밑에서 나온 또 다른 교주를 섬긴단 말인가) . 이는 마치 신약의 세례요한과 예수님의 관계처럼 그렇다는 것이다. 여기에 세례요한의 위치는 전에 섬기던 교주와 동일한 위치에 서게 되는 것이다. 이러한 자신과 자기 앞의 교주와의 관계를 설명하기 위하여, 자신이 진정한 "재림 주"가 되기 위해서는 세례요한은 필연적으로 배도자가 될 수 밖에 없는 것이다.

## ▶ 정통교회의 세례요한 해석(반증)

세례요한에 관한 정통교회의 해석은 성경에 기록된대로 믿는 것이다. 사복음서에 나와 있는 세례요한에 관한 본문들을 살펴보면 세례요한이 어떤 사람이었는지 분명히 알 수 있다. 정리하여 설명하자면, 성경에 세례요한에 관한 기사를 다섯 가지로 나누어 설명할 수 있다. 첫째, 세례요한의 탄생에 대한 구약의 예언기사(말4:5,6), 둘째, 세례요한의 탄생 즈음의 기사(눅1:5-19) 셋째, 세례요한의 사역에 관한 기사 (눅3:1-6 ; 마3:1-12), 넷째, 감옥에 갇힌 후 순교하는 기사 (마 11:1-5 ; 14:3-11) 다섯째, 순교후 세례요한에 대한 예수님의 평가 기사가 나온다(마17:10-13 ; 마 21:24-27 ; 21:32 ).

세례요한의 탄생은 천사 가브리엘이 와서 전해줄 만큼의 "기쁜 소식"이었다. 만일 배도자의 탄생이었다면, 기쁜 소식일 수 있을까? 아니면 천사가 실수한 것일까? 무엇보다 중요한 것은 세례요한의 사후에 세례요한에 대한 예수님의 평가(評價)이다. 세례요한의 순교 후(마14:1-12), 주님께서 그를 평가하셨다(마17:10-13 ; 21:23-32 ), 세례요한은 "선지자 보다 큰 자"이며, "의의 도를 가지고 온 자" 라고 주님께서 평가(評價)하셨다,   이단들의 주장과는 달리 세례요한은 배도자가 아니라 "주의 길을 예비하고, 사명을 잘 감당하며, 최후까지 승리하고 순교한, 예수님께 칭찬받은 제자"였던 것이다. 이것은 세례요한의 사후(死後)에 예수님의 평가에서 잘 나타난다.

### ▶ 세례요한과 관련된 성경구절 읽어보기

#### ☐ 구약의 세례요한의 출생 예언

말 4: 5, 6절,   보라 여호와의 크고 두려운 날이 이르기 전에 내가 **선지 엘리야를 너희에게 보내리니** / 6) 그가 아비의 마음을 자녀에게로 돌이키게 하고 자녀들의 마음을 그들의 아비에게로 돌이키게 하리라 돌이키지 아니하면 두렵건대 내가 와서 저주로 그 땅을 칠까 하노라 하시니라

#### ☐ 천사 가브리엘의 세례요한의 출생 예언

눅 1:5-10절,   유대 왕 헤롯 때에 아비야 반열에 제사장 하나가 있으니 이름은 사가랴요 그 아내는 아론의 자손이니 이름은 엘리사벳이라 / 6) 이 **두 사람이 하나님 앞에 의인이니** 주의 모든 계명과 규례대로 **흠이 없이 행하더라** / 7) 엘리사벳이 수태를 못하므로 저희가 무자하고 두 사람의 나이 많더라 / 8) 마침 사가랴가 그 반열의 차례대로 제사장의 직무를 하나님 앞에 행할새 / 9) 제사장의 전례를 따라 제비를 뽑아 주의 성소에 들어가 분향하고 / 10) 모든 백성은 그 분향하는 시간에 밖에서 기도하더니

눅1:11-13절, **주의 사자가** 저에게 나타나 향단 우편에 선지라 / 12) 사가랴가 보고 놀라며 무서워하니 / 13) 천사가 일러 가로되 사가랴여 무서워 말라 **너의 간구함이 들린지라** 네 아내 엘리사벳이 네게 아들을 낳아 주리니 **그 이름을 요한이라** 하라

눅 1:14-17절, 너도 기뻐하고 즐거워할 것이요 많은 사람도 그의 남을 기뻐하리니 / 15) 이는 저가 주 앞에 큰 자가 되며 포도주나 소주를 마시지 아니하며 **모태로부터 성령의 충만함을 입어** / 16) 이스라엘 자손을 주 곧 저희 **하나님께로 많이 돌아오게** 하겠음이니라 / 17) 저가 또 **엘리야의 심령과 능력으로** 주 앞에 앞서 가서 아비의 마음을 자식에게, 거스리는 자를 의인의 슬기에 돌아오게 하고 **주를 위하여 세운 백성을 예비**하리라.

눅 1:18-19절, 사가랴가 천사에게 이르되 내가 이것을 어떻게 알리요 내가 늙고 아내도 나이 많으니이다 / 19) 천사가 대답하여 가로되 나는 하나님 앞에 섰는 **가브리엘이라 이 좋은 소식을** 전하여 네게 말하라고 **보내심을** 입었노라

## □ **세례요한의 사역 1**( 말씀이 임함, 회개의 세례, 능력 많은이가 오신다 )

눅 3.1-6절, 디베료 가이사가 위에 있은 지 열다섯 해 곧 본디오 빌라도가 유대의 총독으로, 헤롯이 갈릴리의 분봉왕으로, 그 동생 빌립이 이두래와 드라고닛 지방의 분봉왕으로, 루사니아가 아빌레네의 분봉왕으로 / 2) 안나스와 가야바가 대제사장으로 있을 때에 **하나님의 말씀이** 빈 들에서 사가랴의 아들 요한에게 **임한지라** / 3) 요한이 요단 강 부근 각처에 와서 **죄 사함을 얻게 하는 회개의 세례를** 전파하니 / 4) 선지자 이사야의 책에 쓴 바 광야에 외치는 자의 소리가 있어 가로되 너희는 주의 길을 예비하라 그의 첩경을 평탄케 하라 / 5) 모든 골짜기가 메워지고 모든 산과 작은 산이 낮아지고 굽은 것이 곧아지고 험한 길이 평탄하여질 것이요 / 6) 모든 육체가 하나님의 구원하심을 보리라 함과 같으니라

눅 3:15-17절, 백성들이 바라고 기다리므로 모든 사람들이 요한을 혹 **그리스도신가 심중에 의논하니** / 16) 요한이 모든 사람에게 대답하여 가로되 나는 물로 너희에게 세례를 주거니와 **나보다 능력이 많으신 이가 오시나니** 나는 **그 신들메를 풀기도 감당치** 못하겠노라 그는 성령과 불로 너희에게 세례를 주실 것이요 / 17) 손에 키를 들고 자기의 타작 마당을 정하게 하사 알곡은 모아 곡간에 들이고 쭉정이는 꺼지지 않는 불에 태우시리라

☐ **세례요한의 사역 2** (광야에서 외침, 회개하라, 주의 길을 예비함)

마 3:1-10절, 그 때에 세례 요한이 이르러 유대 광야에서 전파하여 가로되 / :2) **회개하라 천국이 가까왔느니라** 하였으니 / :3) 저는 **선지자 이사야로 말씀하신 자라** 일렀으되 광야에 외치는 자의 소리가 있어 가로되 너희는 **주의 길을 예비하라 그의 첩경을 평탄케 하라** 하였느니라 / :4) 이 요한은 약대 털옷을 입고 허리에 가죽띠를 띠고 음식은 메뚜기와 석청이었더라 / 5) 이 때에 예루살렘과 온 유대와 요단 강 사방에서 다 그에게 나아와 / 6) 자기들의 죄를 자복하고 요단 강에서 그에게 세례를 받더니 / 7) 요한이 많은 바리새인과 사두개인이 세례 베푸는 데 오는 것을 보고 이르되 독사의 자식들아 누가 너희를 가르쳐 임박한 진노를 피하라 하더냐 / 8) 그러므로 회개에 합당한 열매를 맺고 / 9) 속으로 아브라함이 우리 조상이라고 생각지 말라 내가 너희에게 이르노니 하나님이 능히 이 돌들로도 아브라함의 자손이 되게 하시리라 / 10) 이미 도끼가 나무 뿌리에 놓였으니 좋은 열매 맺지 아니하는 나무마다 찍혀 불에 던지우리라

☐ **세례요한의 사역 3** ( 내 뒤에 오시는 이, 신들매도 감당치못함)

마 3:11-12절, 나는 너희로 회개케 하기 위하여 물로 세례를 주거니와 **내 뒤에 오시는 이는 나보다 능력이 많으시니** 나는 **그의 신을 들기도 감당치 못하겠노라** 그는 성령과 불로 너희에게 세례를 주실 것이요 / 12) 손에 키를 들고 자기의 타작 마당을 정하게 하사 알곡은 모아 곡간에 들이고 쭉정이는 꺼지지 않는 불에 태우시리라

마 3:13-15절, 이 때에 예수께서 갈릴리로서 요단 강에 이르러 요한에게 세례를 받으려 하신대 / 14) 요한이 말려 가로되 **내가 당신에게 세례를 받아야 할 터인데** 당신이 **내게로 오시나이까** / 15) 예수께서 대답하여 가라사대 이제 허락하라 우리가 이와 같이 하여 모든 의를 이루는 것이 합당하니라 하신대 이에 요한이 허락하는지라

☐ **세례요한의 질문** / ( 순교전, 확신함에 대한 재 질문 )

마 11:1-5절, 예수께서 열두 제자에게 명하시기를 마치시고 이에 저희 여러 동네에서 가르치시며 전도하시려고 거기를 떠나 가시니라 / 2) 요한이 **옥에서** 그리스도의 하신 일을 듣고 제자들을 보내어 / 3) 예수께 여짜오되 **오실 그이가 당신이오니이까** 우리가 **다른 이를 기다리오리이까** / 4) 예수께서 대답하여 가라사대 너희가 가서 듣고 보는 것을 요한에게 고하되 / 5) 소경이 보며 앉은뱅이가 걸으며 문둥이가 깨끗함을 받으며 귀머거리가 들으며 죽은 자가 살아나며 가난한 자에게 복음이 전파된다 하라

## ☐ 세례요한을 주께서 칭찬하심 / (선지자보다 낳은자, 여자가 낳은자 중에 가장 큰자)

마 11:7-10절,  저희가 떠나매 예수께서 무리에게 요한에 대하여 말씀하시되 **너희가 무엇을 보려고 광야에 나갔더냐 바람에 흔들리는 갈대냐** / 8) 그러면 너희가 무엇을 보려고 나갔더냐 부드러운 옷 입은 사람이냐 부드러운 옷을 입은 자들은 왕궁에 있느니라 / 9) 그러면 너희가 어찌하여 나갔더냐 선지자를 보려더냐 옳다 내가 너희에게 이르노니 **선지자보다도 나은 자니라** / 10) 기록된 바 보라 내가 내 사자를 네 앞에 보내노니 저가 네 길을 네 앞에 예비하리라 하신 것이 이 사람에 대한 말씀이니라

마 11:11-15절,  내가 진실로 너희에게 말하노니 **여자가 낳은 자 중에 세례 요한보다 큰 이가 일어남이 없도다** 그러나 천국에서는 극히 작은 자라도 저보다 크니라 / 12) 세례 요한의 때부터 지금까지 천국은 침노를 당하나니 침노하는 자는 빼앗느니라 / 13) 모든 선지자와 및 율법의 예언한 것이 요한까지니 / 14) 만일 너희가 즐겨 받을진대 **오리라 한 엘리야가 곧 이 사람이니라** / 15) 귀 있는 자는 들을지어다

## ☐ 세례요한의 죽음(순교) & 사후의 주님의 평가 (중요)

▶ 마 14:3-11절,  전에 헤롯이 그 동생 빌립의 아내 헤로디아의 일로 요한을 잡아 결박하여 옥에 가두었으니 / 4) 이는 요한이 헤롯에게 말하되 당신이 그 여자를 취한 것이 옳지 않다 하였음이라 / 5) 헤롯이 요한을 죽이려 하되 **민중이 저를 선지자로 여기므로** 민중을 두려워하더니 / 6) 마침 헤롯의 생일을 당하여 헤로디아의 딸이 연석 가운데서 춤을 추어 헤롯을 기쁘게 하니 / 7) 헤롯이 맹세로 그에게 무엇이든지 달라는 대로 주겠다 허락하거늘 / 8) 그가 제 어미의 시킴을 듣고 가로되 **세례 요한의 머리를 소반에 담아 여기서 내게 주소서** 하니 / 9) 왕이 근심하나 자기의 맹세한 것과 그 함께 앉은 사람들을 인하여 주라 명하고 / 10) 사람을 보내어 요한을 옥에서 목 베어 / 11) 그 머리를 소반에 담아다가 그 여아에게 주니 그가 제 어미에게 가져가니라

▶ 마 17:10-13절, 제자들이 묻자와 가로되 그러면 어찌하여 서기관들이 엘리야가 먼저 와야 하리라 하나이까 / 11) 예수께서 대답하여 가라사대 엘리야가 과연 먼저 와서 모든 일을 회복하리라 / 12) 내가 너희에게 말하노니 **엘리야가 이미 왔으되** 사람들이 알지 못하고 **임의로 대우하였도다** 인자도 이와 같이 그들에게 고난을 받으리라 하시니 / 13) 그제야 제자들이 예수의 말씀하신 것이 **세례 요한인 줄을 깨달으니라**

▶ 마 21:24-27절, 예수께서 대답하시되 나도 한 말을 너희에게 물으리니 너희가 대답하면 나도 무슨 권세로 이런 일을 하는지 이르리라 / 25) **요한의 세례가 어디로서 왔느냐 하늘로서냐 사람에게로서냐** 저희가 서로 의논하여 가로되 만일 하늘로서라 하면 어찌하여 저를 믿지 아니하였느냐 할 것이요 / 26) 만일 사람에게로서라 하면 모든 사람이 요한을 선지자로 여기니 백성이 무섭다 하여 / 27) 예수께 대답하여 가로되 우리가 알지 못하노라 하니 예수께서 가라사대 나도 무슨 권세로 이런 일을 하는지 너희에게 이르지 아니하리라

▶마 21:32절, **요한이 의의 도로** 너희에게 **왔거늘** 너희는 저를 믿지 아니하였으되 세리와 창기는 믿었으며 너희는 이것을  보고도 종시 뉘우쳐 믿지 아니하였도다

## □  세례요한의 사역 4 / (하나님의 아들이심'을 증거함. 제자들이 좇음)

요 1:25-28절,  또 물어 가로되 네가 만일 그리스도 아니요 엘리야도 아니요 그 선지자도 아닐진대 어찌하여 세례를 주느냐 / 26) 요한이 대답하되 나는 물로 세례를 주거니와 너희 가운데 너희가 알지 못하는 한 사람이 섰으니 / 27) 곧 내 뒤에 **오시는 그이라** 나는 그의 신들메 풀기도 감당치 못하겠노라 하더라 / 28) 이 일은 요한의 세례 주던 곳 요단 강 건너편 베다니에서 된 일이니라

요 1:29-31절, 이튿날 요한이 **예수께서 자기에게 나아오심을 보고** 가로되 보라 **세상 죄를 지고 가는 하나님의 어린 양**이로다 / 30) 내가 전에 말하기를 내 뒤에 오는 사람이 있는데 **나보다 앞선 것은 그가 나보다 먼저 계심이라** 한 것이 이 사람을 가리킴이라 / 31) 나도 그를 알지 못하였으나 내가 와서 물로 세례를 주는 것은 그를 이스라엘에게 나타내려 함이라 하니라

요 1:32-37절,  요한이 또 증거하여 가로되 내가 보매 성령이 비둘기같이 하늘로서 내려와서 그의 위에 머물렀더라 /  33) 나도 그를 알지 못하였으나 나를 보내어 물로 세례를 주라 하신 그이가 나에게 말씀하시되 성령이 내려서 누구 위에든지 머무는 것을 보거든 **그가 곧 성령으로 세례를 주는 이인 줄 알라** 하셨기에 / 34) 내가 보고 **그가 하나님의 아들이심을 증거하였노라** 하니라 / 35) 또 이튿날 요한이 자기 제자 중 두 사람과 함께 섰다가 / 36) 예수의 다니심을 보고 말하되 **보라 하나님의 어린 양이로다** / 37) 두 제자가 그의 말을 듣고 예수를 좇거늘

## □  순교할 때 까지 사명을 감당함. (회개의 세례를 베품)

요 3:22-24절,  이 후에 **예수께서** 제자들과 유대 땅으로 가서 거기 함께 **유하시며 세례를 주시더라** / 23) 요한도 살렘 가까운 애논에서 **세례를 주니** 거기 물들이 많음이라 사람들이 와서 세례를 받더라 / 24) 요한이 아직 옥에 갇히지 아니하였더라

## □ 하나님께 받은 사명, 끝까지 감당. ( 나는 그리스도가 아니다 )

요 3:25-30절, 이에 **요한의 제자 중에서** 한 유대인으로 더불어 결례에 대하여 변론이 되었더니 / 26) 저희가 요한에게 와서 가로되 랍비여 선생님과 함께 요단 강 저편에 있던 자 곧 선생님이 증거하시던 자가 세례를 주매 사람이 다 그에게로 가더이다 / 27) 요한이 대답하여 가로되 만일 하늘에서 주신 바 아니면 사람이 아무것도 받을 수 없느니라 / 28) 나의 말한 바 **나는 그리스도가 아니요 그의 앞에 보내심을 받은 자라고 한 것을 증거할 자는 너희니라** / 29) 신부를 취하는 자는 신랑이나 서서 신랑의 음성을 듣는 친구가 크게 기뻐하나니 나는 이러한 기쁨이 충만하였노라 / 30) **그는 흥하여야 하겠고 나는 쇠하여야 하리라** 하니라

– 추가본문: 막 1: 1-11 읽어보기 –

### ▶ 세례요한이 예수님에 대하여 증거한 말

1. 나는 그리스도가 아니다. 그의 앞에 보내심을 받은 자이다. / 너희(제자들)가 증거하라 (요3:28)

2. 내 뒤에 오시는 이가 능력이 많으시다. / 나보다 앞선 것은 그가 나보다 먼저 계심이라.(요1:30)

3. 나는 그의 신들메도 풀기도 감당치 못하겠노라. (막1:7)

4. 내가 당신에게 세례를 받아야 할 터인데, 나에게로 오시나이까, (마3:14)

5. 보라 세상 죄를 지고 가는 '하나님의 어린양'이로다. (요1:29)

6. 그는 흥하여야 하겠고, 나는 쇠하여야 하리라. (요3:30)

### ▶ 세례요한의 사명은...

1. 주님의 길 예배 / 엘리야의 심령, 외치는 자의 소리가 되어 (마3:3)

2. 저들의 죄를 외치고 / 회개의 세례를 베품 (마3:11)

3. 뒤에 오시는 주님을 증거함 / 보라! 하나님의 어린양이로다.(요1:29)

## ▶ 세례요한에 대한 주님의 평가

1. 선지자 보다 낳은 자이다.(마11:9)

2. 의의 도로 온자이다.(마21:32)

3. 여자가 낳은 자 중에 가장 큰 자 (마11:11)

4. 엘리야가 먼저 왔으되(예언대로 온 인물) ( 말3:1, 4:5,6 / 막9:13)

5. 요한의 세례가 하늘로서냐 사람에게로서냐 ( 마21:25, 막11:30, 눅20:4 )

## ▶ 사복음서의 세례요한 기사에 대한 5가지 분류

1. **세례요한에 관한 구약의 예언 기사** ( 말4:5,6 ; 사40:3-5)

2. **세례요한의 출생에 관련한 기사.**(눅1: 5-10절, 11-13절, 14-17절, 18-19절)

3. **세례요한의 사역에 관한 기사** (마3:1-10, 11-15 / 막1:4-11/ 눅3:1-6 , 15-17/ 요1:25-37)

4. **세례요한의 죽음(순교)에 관한 기사** ( 마 11:1-5 ; 14: 3-11절 )

5. **세례요한의 죽음(순교)후 예수님의 평가에 관한 기사**

    1〉세례요한 생전(옥중)에 평가  (마11:7-10절, 11-15절)

    2〉세례요한 사후(死後)에 평가 (마17:10-13; 21:24-27, 32절, 막11:27-33, 눅20:1-8)

▶ **학습 후 질문**

1. 눅1:18,19절, 천사 가브리엘이 사가랴에게 친히 전해 준 소식은 무엇인가?

2. 세례요한이 제사들, 무리들에게 예수님에 대하여 한 말 들은 무엇인가?

3. 세례요한에 대한 예수님께서 평가하신 말들은 무엇인가?

4. "세례요한이 배도자"라는 것을 증명하는 성경 구절이 있는가?

5. "세례요한 배도자 교리"를 처음에 주장한 사람은 누구인가?

6. 이러한 주장을 하는 자들은 어떤 사람들인가 ?

7. 이단 교주들이 세례 요한을 "배도자"라고 주장할 수 밖에 없는 필연적인 이유는?

# 7. 예수님은 영 부활, 영 승천, 영 재림 하셨다.

( 영(靈)으로 부활하시고, 영으로 승천하신 예수님은 영으로 재림하신다. 주장 )

# 7. 예수님은 영 부활, 영 승천, 영재림하셨다.

" 예수님은 영(靈)으로 부활하시고 영으로 승천하셨다. 그리고 영으로 재림하신다" 는 이러한 주장 역시, 자신을 이 시대에 재림주라고 주장하는 사람들의 공통적인 교리이다. 이들은 십자가에서 죽으시고 사흘만에 부활하신 예수님께서 "육체의 부활"이 아닌, "영의 부활"이었다고 주장한다. 또한 부활하신 후 40일 동안 제자들과 함께 계시다가 하늘로 승천하신 것도 "영(靈)의 승천"이었다고 주장한다. 그러므로 주님께서 "영으로 부활"하시고, "영으로 승천"하셨으니, 또 다시 "영(靈)으로 재림"하신다는 주장이다. 그럼 이 사람들은 왜 이런 비성경적인 교리를 주장하는 것인가? 그 이유는 단순하다. 바로 자신에게 "예수의 영"이 임하였다고 주장하기 위함이다. "영 부활", "영 승천" 하신 주님께서 "영으로 자신에게 재림하셨다"는 주장이다. 이제는 자신에게 "예수의 영"이 임했으니, 자신이 바로 "재림 주"라는 논리이다. 신천지에서는 이만희씨에게 "예수의 영"이 임하였으므로, 이만희씨를 보는 것이 곧 예수님을 보는 것이라고 가르치며 신격화하고 있다. 이와 같은 "영 부활", "영 승천", "영 재림"의 주장은 자신을 신격화하려는 터무니 없는 교리이다.

## ▶ 영 부활이라고 주장하는 성경본문

▶ 요 20:19절  이 날 곧 안식 후 첫날 저녁 때에 제자들이 유대인들을 두려워하여 **모인 곳에 문들을 닫았더니 예수께서 오사** 가운데 서서 가라사대 너희에게 평강이 있을지어다

▶ 요 20:26절  여드레를 지나서 제자들이 다시 집 안에 있을 때에 도마도 함께 있고 **문들이 닫혔는데,** 예수께서 **오사 가운데 서서** 가라사대 너희에게 평강이 있을지어다 하시고

주님께서 "영 부활"하셨다고 주장하는 자들은 위의 두 구절을 이야기한다. "제자들이 모인 곳의 문들이 다 닫혀 있는데, 예수님께서 어떻게 들어오셨느냐"는 것이다. 육체로 부활하셨다면 "어떻게 문을 통과하여 들어오셨냐"는 것이다. 그러므로 "예수님은 육체 부활이 아닌, 영으로 부활하셨다"는 것이다. 너무 단순한 논리이다. 그러므로 이렇게 영으로 부활하신 예수님은 "영 승천" 하셨고, 누군가에게 "영으로" 재림 하신다는 주장이다. 예수님의 부활 사건은 기독교에서 가장 중요한 사건이다. 그래서 많은 본문에서 그리스도의 부활을 기록하고 있다. 주님은 십자가에서 죽으신 그 몸 그대로 부활하셨다. 그러나 죽음을 이기신 몸, 즉 "신령한 몸"으로 부활하셨다. 그러므로 갇힌 공간도 들어올 수 있었던 것이다. 이들은 주님께서 "신령한 몸"을 입으시고 부활하셨다는 것을 간과하고 있다(고전15:44).

## ▶ 예수님께서 영부활, 영승천, 영재림 하셨다고 주장하는 이단들

이런 주장을 하는 이들은 통일교(문선명), 신천지(이만희), 애천교회( JMS, 정명석), 재림예수교회(구인회) 등이 있다.

**통일교, 문선명** / 『원리강론』 p 230,231, 부활 후 영인체로 계신다.

**재림예수교회, 구인회 (재림예수)** / 『새하늘과 새땅 지상천국은 재림예수교회에서 이루어진다』

p 47,48 "예수님은 영 부활, 영 승천하셨다. (주장)"

p 58,59 "육체 부활이 아닌 영 부활이다. (주장)"

p 69 " 예수님의 영이 구인회에게 임했다(1971.1.17)"

**애천교회, 정명석(JMS)** / 『고급편』 p 18,19 " 영승천, 영재림이다.(주장) "

『고급편』 p 249 " 예수님의 영부활, 영승천, 영재림"

**신천지, 이만희** / 『요한계시록의 실상』 p 59, " 부활하신 예수님은 이전 형상이 아닌 성령체의 모습"

『신탄』 p 424,425 " 눅24:16절, 알아보지 못한 이유 영적인 부활이었기 때문이다."

**여호와의 증인** / 『성경을 사용하여 추리함』 p 138,139 벧후3:18절, 영으로 살리심.(주장) "

『성서는 실제로 무엇을 가르치는 가 』 p 73,74 벧후3:18절, 강력한 영적 인격체 (주장) "

## ▶ 영부활, 영승천, 영재림을 주장하는 사람들과 그 서적(책)들

### 문선명 저서, 『원리강론』 p230,231

예수님은 지상에 있어서도 원죄(原罪)가 없다는 점을 제외한다면 그는 우리와 조금도 다름이 없는 인간이었고, 또 부활 후 영계에 있어서도 제자들과 다름없이 영인체로서 계신다. 다만 제자들은 생명체급 (生命體級)의 영인으로서 빛의 반사체(反射體)로 있는 데 비하여, 예수님은 생령체급(生靈體級)의 영인으로서 찬란한 빛을 발하는 발광체(發光體)로 계시는 것이 다른 점이라 하겠다.

## ◉ 그리스도 도의 초보를 버리라.

모든 기성교회 목자들은 그리스도 도의 초보를 버려야 한다. 예수님 육체가 부활해서 구름을 타고 오셔서 심판한다는 생각을 완전히 버려야 한다. 현재 전 세계 기성교회 목사, 신부는 그리스도 도의 초보에 얽매여서 그리스도 도의 초보를 가르치고 있다.

## ◉ 예수님의 육체가 부활한 것이 아니다.

예수님의 육체가 부활한 것이 아니고 영만이 부활하셨다. 베드로전서 3:18-19절 '그리스도께서도 한번 죄를 위하여 죽으사 의인으로서 불의한 자를 대신하셨으니 이는 우리를 하나님 앞으로 인도하려 하심이라 육체로는 죽임을 당하시고 영으로는 살리심을 받으셨으니 저가 또한 영으로 옥에 있는 영들에게 전파하시니라' 하였다. 이 말씀과 같이 예수님은 육체로는 죽임을 당하시고 영으로만 부활 하셨다. 예수님 육체가 부활한 것이 아니라 영이 부활하셨다. 예수님은 의인으로서 죄인을 위하여 십자가에 못 박혀 피를 흘려주셨는데 예수님의 육체가 다시 부활하신다면 주님의 십자가의 피는 아무 의미가 없는 것이다. 예수님은 육체로는 죽임을 당하시고 영으로 살리심을 받으셨고, 영으로 옥에 있는 영들에게 전파하신다는 이 말씀을 깨달아야 한다.

재림 예수

그러므로 누가복음 21:27절에 인자가 구름을 타고 오신다는 말씀은 인자·예수님의 영이 구름(사람 육체)에 임하여 재림하신다는 것을 말씀하신 것이다. 1971년 1월 17일, 인자(예수님 영)가 육체를 가진 사람에게 임하여 재림 하셨다. 그러므로 인자·예수님의 영을 받은 사람이 바로 재림 예수이며, 재림 예수는 육체를 가진 사람이라는 것을 깨달아야 한다. 2천년 가까이 전 세계 모든 기독교인들이 기다리던 예수님은 영으로 대한민국 땅에, 구인회 선생 육체에 임하셨다는 것을 깨달아야 한다.

**정명석 교재,『고급편』 p249**

행 1:8-11    가로되 갈릴리 사람들아 어찌하여 서서 하늘을 쳐다보느냐 너희 가운데서 하늘로 올리우신 이 예수는 하늘로 가심을 본 그대로 오시리라 하였느니라 -

예수님께서 제자들이 보는 가운데 구름속으로 승천하셨다. 오늘날 예수님의 부활과 승천을 문자 그대로 보기 때문에 재림할 때도 그 육신을 쓰고 올 것으로 생각하고 있다. 그러나 제자들이 본 것은 예수님의 **영적 승천**이었다.(벧전3:18, 고후3:17) 예수님이 문자 그대로 공간적인 하늘로 올려 간 것이 아니라 영으로 승천하셨던 것이다. 어찌하여 영으로 승천하셨다는 말인가? 지상에서 예수님의 육신이 십자가에 죽었기때문이다. 만약 육신으로 부활했으면 땅위의 제자들을 떠나 승천할 필요가 없지 않은가?

이와 같이 영적 부활을 이루시고 영으로 승천했기에, 아무리 때를 찾고 기다려도 2,000년 전 그 육으로는 다시 올 수가 없는 것이다. 고로, 예수님의 재림도 영인체로 가셨으니 영인체로 그대로 다시 오신다.

**신천지,『신탄』 p424, 425,**

### (4) 예수의 부활에 대한 사도들의 견해

❋ 그리스도께서도 한번 죄를 위하여 죽으사……육체로는 죽임을 당하시고 영으로는 살리심을 받으셨으니 (벧전 3:18)

❋ 이 아들로 말하면 육신으로는 다윗의 혈통(씨)에서 나셨고 성결의 영으로는 죽은 가운데서 부활하여 능력으로 하나님의 아들로 인정되셨으니 곧 우리 주 예수 그리스도시니라 (롬 1:3~4)

사도 베드로는 예수께서 육체로는 죽임을 당하였으나 영으로는 살리심을 받으셨고 그가 영으로 옥에 있는 영들에게 복음을 전파하셨음을 가르친다. 베드로의 견해에 따르면 예수께서는 분명히 영적으로 부활하셨다는 것을 의심할 수 없게 된다. 뿐만 아니라 사도 바울도 예수께서 성결의 영으로는 죽은 가운데서 부활하여 하나님의 아들로 인정되셨다고 밝힌다. 이 말씀은 예수의 부활(과거 유대에서의 부활)이 영적인 부활이었음을 강조한다. 그러므로 오늘날까지 영적 이스라엘 시대를 이끌어온 두 대표 사도의 견해는 한결같이 예수의 부활이 영적으로 이루어진 현상임을 천명하고 있다는 점을 우리가 주목하지 않으면 안 될 것이다.

**여호와의 증인,『성경을 사용하여 추리함』p138**

### 예수께서는 육의 몸으로 일으킴을 받으셨으며, 현재 하늘에서 그러한 몸을 가지고 계신가?

베드로 첫째 3:18: "그리스도께서도 죄와 관련하여 단 한 번 죽으셨으니, 의로우신 분이 불의한 사람들을 위하여 죽으신 것입니다. 그것은 그분이 육으로는 죽임을 당하셨으나 영으로는〔"영에 의해", 왕역; "영으로는", 개표, 신영성, 두에, 예루살렘〕살리심을 받〔으시려는 것입니다〕." (예수께서는 죽은 사람들 가운데서 <u>부활되셨을 때, 영의 몸으로 출생하셨다. 그리스어 본문에서는 "육"이라는 단어와 "영"이라는 단어가 서로 대조되어 있으며, 둘 다 여격으로 되어 있다. 그러므로 만일</u> 번역자가 "영에 의해"라고 번역하면 역시 일관성 있게 "육에 의해"라고

## ▶ 영 부활이 아닌 "육체부활"을 증명하는 성경구절(반증구절)

성경의 해석의 원리중에 "성경을 성경으로 해석하라"는 원리가 있다. 어떠한 본문의 내용이 모호하고 난해 할 때에는 성경의 다른 구절들을 살펴서 해석해야 한다는 원리이다. 이렇게 하는 이유는 신구약 성경만이 유일한 진리이기 때문이다. 그러면 신약 성경의 여러 본문에서 "주님의 부활"을 어떻게 기록하고 있는가?를 살펴보면, 예수 그리스도의 부활은 "영의 부활"이 아닌, 십자가에서 죽으셨던 그 몸(육체)이 다시 살아나신 것임을 명백히 알 수 있다(여기서 육체라 함은 영과 육체를 함께 일컫는 말이다. 단지 저들의 영 부활의 의미의 반대의 개념으로 육체 부활이라고 말한다).

**Q1〉 예수님께서 죽은자 가운데서 사흘(안식후 첫 날)만에 부활하셨다. 주님의 부활은 육체의 부활한 것인가? 영의 부활인가?**

1) 마 28: 1-6,  천사가 "살아 나셨느니라" –〈영은 죽지 않는 존재이기에 살아났다고 할 필요가 없다.〉

2) 막 16: 1-6,  "그가 살아 나셨고"

　　16: 19,20,  주 예수께서 말씀을 마치신 후에 하늘로 올리우사…"〈부활하신 육체가 올리우셨다. 〉

3) 눅 24: 1-7, " 주 예수의 시체가 뵈지 아니하더라.. " "산자를 죽은자 가운데서 찾느냐" / " 살아나셨느니라 "

24: 36-43, " 영(靈)은 살과 뼈과 없느니라", "생선을 잡수심 "-〈 예수님께서 친히 확인해 주심 〉

24: 50-53, " 하늘로 올리우시니"

4) 요20: 19-20 :" 평강이 있을 지어다," "손과 옆구리를 보이시니.."

20: 26-29 , 도마의 확인, 직접 내손, 내 옆구리에 넣어보라.. 〈 영(靈)은 만질 수없다 〉

5) 행 1: 3 , 해받으신 후에 또한 저희에게 확실한 많은 증거로 친히 사심을 나타내사 사십 일 동안
저희에게 보이시며 하나님 나라의 일을 말씀하시니라

6) 시 16:10 , 이는 내 영혼을 음부에 버리지 아니하시며 주의 거룩한 자로 썩지 않게 하실 것임이니이다

7) 고전 15:3-6, 내가 받은 것을 먼저 너희에게 전하였노니 이는 성경대로 그리스도께서 우리 죄를 위하여 죽
으시고 / 4) 장사 지낸 바 되었다가 성경대로 사흘 만에 다시 살아나사 / 5) 게바에게 보이시
고 후에 열두 제자에게와 / 6) 그 후에 오백여 형제에게 일시에 보이셨나니 그 중에 지금까지
태반이 ㅏ 살아 있고 어떤 이는 잠들었으며

## Q2〉 예수님께서 부활하신 후 40일 동안 제자들과 함께 하시다가, 감람원이라는 곳에서 제자들이 보는가운데 하늘로 승천하셨다. 주님의 승천은 육체의 승천인가? 영의 승천인가?

1) 행 1: 8, 오직 성령이 너희에게 임하시면 너희가 권능을 받고 예루살렘과 온 유대와 사마리아와 땅
끝까지 이르러  내 증인이 되리라 하시니라

2) 행 1:9-11, 이 말씀을 마치시고 **저희 보는 데서** 올리워 가시니 구름이 저를 가리워 보이지 않게 하더라
/ 10)  올라가실 때에 제자들이 자세히 하늘을 쳐다보고 있는데 흰 옷 입은 두 사람이 저희
곁에 서서 / 11) 가로되 갈릴리 사람들아 어찌하여 서서 하늘을 쳐다보느냐 너희 가운데서
하늘로 올리우신 이 예수는 하늘로 가심을 본 그대로 오시리라 하였느니라

## ▶ 정통교회의 해석(반증)

성경은 결코 예수님의 "영 부활", "영 승천", "영 재림"을 말하지 않는다. 오히려 위의 성경구절에서 살펴 보았듯이 예수님의 육체적 부활, 육적인 승천, 육체적 재림을 기록하고 있다.  이들의 "영 부활", "영 승천", "영 재림"의 주장은 기독교의 핵심 진리를 전적으로 부정한다. 사실 이러한 주장은 이 시대에만 있는 것이 아니라, 초대교회에서 부터 있어 왔던 주장이다. 초대교회에 만연했던 영지주의자들은 예수그리스도의 육체로 임하심을 부인하였다. 이에 대하여 사도 요한은 다음과 같이 경고하였다. "미혹하는 자가 많이 세상에 나왔나니 이는 예수 그리스도께서 육체로 임하심을 부인하는 자라 이것이 미혹하는 자요 적그리스도니"(요이 1:7). 과거 초대교회에서 부터 이단들은 예수님의 육체로 임하심을 부인하였는데, 오늘날에도 여전히 예수 그리스도의 육체적 부활, 승천, 재림을 부인하는 것을 보면, 이들은 동일한 사단의 영의 지배를  받고 있음이 분명하다. 예수님께서는 초림이나 재림, 부활이나 승천, 재림까지도 육체로 오셨고, 육체로 죽으셨고, 육체로 부활하셨으며, 제자들이 보는 가운데서 승천하셨고, 이제 가심을 본 그대로 영광중에 다시 그 모습 그대로 오실것이다. 이것이 성경의 기록이요, 가르침이다. 이것을 부인하는 자들은 "미혹하는자요, 적 그리스도"들이다(요이1:7).

사실, 부활을 논함에 있어서, "영 부활" 이라는 개념은  그 자체가 모순이다. 왜냐 하면 "영"은 죽지 않고 영원히 사는 존재이기 때문이다. 인간의 육체는 죽임을 당하지만 영은 죽지 않는다. 그러므로 죽은 육체가 다시 살아난다는 의미의 "육체의 부활"은 합당하지만, "영의 부활"이라는 것은 그 자체가 모순이 되는 것이다. 도마는 부활하신 주님의  못 박히신 손과 옆구리를 직접 만져본 후, "나의 주시며, 나의 하나님이시니다"라고 고백하게 되었다.(요 20:28). 예수님은 당신의 부활에 놀라서 "영"이 아닌가?라고 생각하는 제자들에게 "영은 뼈와 살이 없으나 나는 있노라"고 영의 부활이 아닌 육체의 부활임을 친히 확인시켜 주셨다(눅 24:36-43). 주님께서 부활하시고 40일 후에 감람원에서 승천하실때, 천사들은 제자들에게 "어찌하여 서서 하늘을 쳐다보느냐, 이 예수는 하늘로 가심을 본 그대로 오시리라"고 말하였다. "하늘로 가심을 본 그 모습"은 어떤 모습이었는 가? 영(靈) 이였는 가? 육체(肉體) 였는 가? 십자가에서 죽으셨던 그 예수님이 부활하시고 승천하신 것이다.

그렇다면, 성경에 이러한 분명한 기록이 있음에도 불구하고 이단들이 여전히 예수님의 "영 부활", "영 승천", "영 재림"을 주장하는 이유가 무엇인가? 그것은 단 한 가지이다. 이단 교주 자신이 이 시대에 "메시야, "재림주", "하나님"이 되고자 함이다. 이유는 "예수님이 영"으로 자신(교주)에게 임하였다고 주장하기만 하면 자신이 재림 예수가 되기 때문이다.

▶ 학습 후 질문

1. 예수님께서 "영 부활", "영 승천", "영 재림"하셨다는 것을 증명하는 구절이 있는 가?

2. 요20:9, 26절의 본문 내용이 예수님의 영 부활을 의미하는 가?

3. 예수님의 "영 부활", "영 승천", "영 재림"을 주장하는 사람들은 어떤 사람들인가?

4. 예수님께서 육체로 부활 하셨음을 증거하는 확실한 본문들은 무엇인가? ( ex, 눅24:36-43; 요20:26-29)

5. 이단들은 왜(Why) 공통적으로 예수님의 "영 부활","영 승천", "영 재림"을 주장하는 가?

# 8. 144,000 교리 (문자적 해석)

( 요한계시록 7장, 14장의 144,000 인은 자기 단체의 구원받은 자의 수(數). 주장 )

# 8. 144,000 교리(문자적해석)

　　이단들이 주장하는 공통교리 가운데  또 다른 하나는 요한계시록 7장과 14장에 나오는 "구원받은 무리의 수 144,000명"을 문자적(文字的)으로 해석하는 것이다. 이러한 주장은 안식교에서 처음으로 주장한 이래 여호와의 증인을 비롯한 많은 이단들이 동일한 주장을 하고 있다. 144,000은 실제 문자적인 실제의 수(數) 이며, 자신들 단체에서 구원받는 사람들의 수 (數)라고 주장한다. 이들은 성경을 해석함에 있어서 문자적(文字的)으로 해석해야 할 부분은 "상징", "비유"로 해석하고, 이와같이 상징적(象徵的)으로 해석해야 할 부분은 반대로 "문자적"으로 해석한다. 이들이 주장하는 144,000인의 교리는 수시로 바뀌는데, 처음에는 144,000 인의 수(數)가 자기 단체의 성도들을 의미하며, 이 숫자가 차면 비로서 지상 천국이 임한다고 주장하다가, 성도의 수(數)가 144,000인을 넘어 버리면 또 다른 엉뚱한 교리를 주장한다. 이와같이 요한계시록 7장과 14장의 "144,000인"을 문자적(文字的)으로 주장하는 이단들은 "하나님의 교회" (안상홍), "신천지"(이만희), "안식교, "여호와의 증인" 등 여러 단체가 있다.

### ▶ 144,000 문자적으로 주장하는 이단들

**하나님의 교회, 안상홍** / 『하나님의 비밀과 생명수의 샘』

　　　　p 248- 251 "**살아서 승천할 사람 144.000** ,  닛산월 14 유월절을 지킨자" 주장

**신천지, 이만희** / 『요한계시록의 실상』 p 160,161 " 144,000, **제사장 직책을 맡을 새목자** 이다. "

　　　　『천국비밀계시』 p 142,  " 144,000은 요한이 실상을 보고, 듣고, 증거한 것을 **인정한 자들** "

　　　　『계시록의 진상』 p 289,301 "**성령체,  순교자의 영, 신천지 성도와 혼인잔치**"

**재림예수교회, 구인회 (재림예수)** / 『새하늘과 새땅 지상천국은 재림예수교회에서 이루어진다』

　　　　p 196, 222 " 144,000(144명)은  재림주를 따라가는 자들, 시온산에 속한 자들"

**여호와의 증인** / 『성서는 실제로 무엇을 가르치는 가』 p74, "144,000,  하늘에서 살사람들 "

　　　　『우리는 지상낙원에서 영원히 살 수 있다』 p124-126, " **144,000 하늘반열** "

## ▶ 144,000 문자적 해석을 주장하는 사람들과 그 서적(책)들

**안상홍 저서,『하나님의 비밀과 생명수의 샘』 p251**

### 하나님의 인은 무엇인가?

신약성경 중에서 인에 관한 기록을 살펴보면 다음과 같다.

**고후 1장 22절** 『저가 또한 우리에게 인치시고 보증으로 성령을 우리 마음에 주셨느니라』

**엡 1장 13절** 『그 안에서 너희도 진리의 말씀 곧 너희의 구원의 복음을 듣고 그 안에서 또한 믿어 약속의 성령으로 인치심을 받았으니』

**롬 4장 11절** 『저가 할례의 표를 받은 것은 무할례시에 믿음으로 된 의를 인친 것이니』

**고전 9장 2절** 『나의 사도 됨을 주 안에서 인친 것이 너희라』하였다.

위에 기록한 모든 말씀을 연구해 보면 사도 직분의 인치심도 있으며, 믿음의 의를 인치심도 있으며, 성령 받은 것도 인치신 보증이라고 하였다. 어느 시대든지 하나님이 옳다고 인정될 때에는 인치시고 보증으로 성령을 주신 것이다. 그러나 요한계시록 7장의 14만 4천 성도들에게 인치는 문제는 마지막 때에 살아서 승천함을 받을 수 있는 성도들을 가리킨 것이다. 요한계시록 7장 2절에 기록된 하나님의 인은 살아서 예수 강림을 영접할 14만 4천 성도들이 유월절 어린 양의 피로 마지막 칠재앙을 면하고 하늘 나라에 들어갈 구속의 표이다. 칠재앙을 면하는 표는 유월절 어린 양의 피 밖에 다른 피는 없다. 유월절 어린 양의 피만이 구속의 인이 되는 것이다.

**이만희 저서,『요한계시록의 실상』 p161**

하나님께서는 이천 년 간 존속한 기독교 세계를 끝내시고 7장과 같이 영적 새 이스라엘 열두 지파의 새로운 제사장이 될 십사만 사천 명을 먼저 인 치신다. 영적 새 이스라엘 열두 지파의 십사만 사천 인은 아무나 되는 것이 아니다. 오직 '새 언약의 말씀'으로 '하나님의 인을 맞은 자'라야 한다. 초림 때 하나님을 믿는다고 해서 모두 하나님의 자녀가 된 것이 아니며 예수님을 영접하는 자만이 참 자녀가 되었듯이, 계시록 성취 때에도 예수님을 믿는다고 해서 모두 하나님의 자녀가 되는 것이 아니라 예수님께서 세우신 새 언약을 지키는 자만이 '영적 새 이스라엘 열두 지파'에 속하는 참 선민이 된다.

## 이만희 저서, 『천국비밀 계시』 p142

**7절:** 시므온 지파 중에 일만 이천이요 레위 지파 중에 일만 이천이요 잇사갈 지파 중에 일만 이천이요

**8절:** 스불론 지파 중에 일만 이천이요 요셉 지파 중에 일만 이천이요 베냐민 지파 중에 인 맞은 자가 일만 이천이라

**해 설**  본문의 새 이스라엘은 6장에서 본 선천의 심판이 끝난 후에 창설된 것으로 인 맞은 자가 144,000인이니 한 지파에 12,000인 씩이다.

이 인 맞은 자들은 예수님의 대언자 사도 요한이 열려진 하나님의 말씀과 말씀대로 성취된 실상을 보고 듣고 열두 지파장과 함께 증거할 때, 그의 증거를 받고 인정한 자들이요 오늘날 다시 창조될 영적 새 이스라엘이다.

이 영적 새 이스라엘이 곧 성경에서 이루시겠다고 약속하신 주님의 뜻이요 천국이며, 아담 때, 솔로몬 때(왕상11장) 잃어버린 하나님의 나라가 비로소 회복되는 것이요, 예수님 승천하실 때 제자들이 물었던 회복된 이스라엘 나라이며(행1:6), 새로 창조되는 백성이다.

## 이만희 저서, 『요한계시록의 진상』 p301 (p 289참고, 인간이 성령체로 변함, 성령의 수효144,000)

예수의 증거와 하나님의 말씀을 인하여 목베임 당한 순교자들은 하나님 안에 거하는 성령들이다. 19장에서 해설한 바와 같이 이 성령들이 신랑이다. 그리고 짐승과 그의 우상에게 경배하지도 아니하고 표를 받지도 아니한 자들은 곧 짐승과 싸워서 이기고 세마포 옷을 입은 거룩한 무리들이다. 인 치는 주의 제단에 동참한 십사만 사천의 신부들이다. 거룩한 성령이요 신랑인 십사만 사천의 영들과 이 땅의 거룩한 자 십사만 사천의 육신을 가진 신부들이 각기 한 쌍을 이루어 혼인 일체가 된다. 마침내 이들은 바울이 말한 바와 같이 홀연히 변화 받아 사망의 벽을 뛰어넘어 영생의 반열에 오른 사람들이다. 따라서 예수의 뒤를 좇는 첫 열매로서 첫째 부활의 영광을 누리게 된다 만왕의 왕이시요, 만주의 주이신 예수와 더불어 진리의 말씀으로 씨 뿌려 세상을 가르치는 왕들이다 (계 6 : 9~10, 살전 4 : 13~16, 고전 15 : 50~58, 유 1 : 14).

**구인회 교리책, 『새 하늘과 새 땅은 재림 예수교회에서』 p196**

**⑨ 미가엘과 그의 사자들은 〈한 선지자와 교사들이다〉.**

　　계시록 14:1-5절에 어린양이 어디로 인도하든지 따라가는 144,000명 (144명)이며, 계시록 14:10절에 거룩한 천사들이며, 계시록 15:2절에 짐승 과 그의 우상과 싸워 이긴 자들이며, 계시록 20:4-6절에 짐승과 그의 우상 (거짓 사도, 선지자)들에게 경배하지도 아니하고 이마에나 손에 그의 표를 받 지도 아니하고 살아서 그리스도의 제사장이 되어 1000년(10년) 동안 왕노 릇하는 자들이며, 계시록 21:1-4절에 거룩한 성·새 예루살렘·하나님의 장막·재림 예수 교회에서 영생하는 자들이며, 계시록 21:6-7절에 이긴 자, 생명수 샘물을 유업 받는 하나님의 아들들이며, 계시록 22:1-5절에 지 상 낙원에서 세세토록 왕노릇하는 자들이라는 것을 깨달아야 한다.

**여호와의 증인 (성서는 실제로 무엇을 가르치는 가) p74**

　　23 하늘로 돌아갈 날이 얼마 남지 않으셨을 때, 예수께서는 충실 한 추종자들에게 자신이 그들을 위해 하늘에 "장소를 준비하러" 갈 것이라고 말씀하셨습니다. (요한 14+8) 예수께서는 그처럼 하 늘로 가게 될 사람들을 자신의 적은 무리 라고 부르셨습니다. (누가 12:32) 비교적 적은 이 충실한 그리스도인들의 무리에는 얼마나 되는 사람들이 포함됩니까? 계시록 14:1에 의하면, 사도 요한은 이렇게 말합니다. "내가 보니, 보라! '어린 양'(예수 그 리스도)이 시온 산에 서 있고 그와 함께 십사만 사천 명이 있는 데, 그들의 이마에는 그의 이름과 그의 아버지의 이름이 쓰여 있 었다."

　　24 예수의 충실한 사도들을 포함하여 이 14만 4000명의 그리스 도인들은 하늘에서 살도록 부활됩니다. 그들이 부활되는 때는 언제 입니까? 사도 바울은 그리스도의 임재 때에 그 부활이 있을 것이 라고 기록하였습니다. (고린도 첫째 15:23) 9장에서 배우겠지만, 우리는 지금 바로 그때에 살고 있습니다. 따라서 14만 4000명 중 현재 남아 있는 소수의 그리스도인들은 죽으면 즉시 부활되어 하늘에서 살게 됩니다. (고린도 첫째 15:51-55) 하지만 대다수 의 인류는 미래에 부활되어 지상 낙원에서 살 전망을 가지고 있습 니다.

## ▶ 144,000 관련 성경구절

▶ 계 7:1-4절,　이 일 후에 내가 **네 천사가 땅 네 모퉁이**에 선 것을 **보니** 땅의 사방의 바람을 붙잡아 바람으로 하여금 땅에나 바다에나 각종 나무에 불지 못하게 하더라 / 2) 또 **보매 다른 천사가** 살아 계신 **하나님의 인을 가지고 해 돋는 데로부터 올라와서** 땅과 바다를 해롭게 할 권세를 얻은 네 천사를 향하여 큰 소리로 외쳐 / 3) 가로되 우리가 **우리 하나님의 종들의 이마에** 인치기까지 땅이나 바다나 나무나 해하지 말라 하더라 / 4) 내가 인 맞은 자의 수를 **들으니** 이스라엘 자손의 각 지파 중에서 인 맞은 자들이 **십사만 사천**이니

▶ 계 7:9-14절,　이 일 후에 내가 **보니** 각 나라와 족속과 백성과 방언에서 **아무라도 능히 셀 수 없는 큰 무리가 흰 옷을 입고** 손에 종려 가지를 들고 보좌 앞과 어린 양 앞에 서서 / 10) 큰 소리로 외쳐 가로되 구원하심이 보좌에 앉으신 우리 하나님과 어린 양에게 있도다 하니 / 11) 모든 천사가 보좌와 장로들과 네 생물의 주위에 섰다가 보좌 앞에 엎드려 얼굴을 대고 하나님께 경배하여,

12) 가로되 아멘 찬송과 영광과 지혜와 감사와 존귀와 능력과 힘이 우리 하나님께 세세토록 있을지로다 아멘 하더라 / 13) 장로 중에 하나가 응답하여 내게 이르되 **이 흰 옷 입은 자들이 누구며 또 어디서 왔느뇨** / 14) 내가 가로되 내 주여 당신이 알리이다 하니 그가 나더러 이르되 이는 큰 환난에서 나오는 자들인데 **어린 양의 피에 그 옷을 씻어 희게** 하였느니라

▶ 계 14:1-5절,　또 내가 **보니** 어린 양이 시온 산에 섰고 **그와 함께 십사만 사천이 섰는데** 그 이마에 어린 양의 이름과 그 아버지의 이름을 쓴 것이 있도다 / 2) 내가 하늘에서 나는 소리를 들으니 많은 물소리도 같고 큰 뇌성도 같은데 내게 들리는 소리는 거문고 타는 자들의 그 거문고 타는 것 같더라 / 3) 저희가 보좌와 네 생물과 장로들 앞에서 **새 노래를 부르니 땅에서 구속함을 얻은 십사만 사천 인** 밖에는 능히 이 노래를 배울 자가 없더라 / 4) 이 사람들은 여자로 더불어 더럽히지 아니하고 정절이 있는 자라 어린 양이 어디로 인도하든지 따라가는 자며 사람 가운데서 구속을 받아 처음 익은 열매로 하나님과 어린 양에게 속한 자들이니 / 5) 그 입에 거짓말이 없고 흠이 없는 자들이더라

## ▶ 정통교회의 계시록7장, 14장의 144,000 인 해석(반증)

요한계시록의 특징은 세상 마지막 때에 어린양이신 예수 그리스도께서 "만왕의 왕"이요, "만유의 주"로 오셔서, 세상을 심판하시는 모습을 보여주고 있다. 최후의 심판주로 오셔서 음녀와 바벨론으로 묘사하고 있는 이 세상 나라와 임금들, 불신자들을 심판하시고, 반대로 어린양의 신부로 묘사되고 있는 "교회", 즉 환난과 고난 가운데 믿음을 지킨 성도들은 그들의 눈에서 눈물을 닦아 주시며 위로하시고 영원한 천국으로 인도 하신다는 내용이다.

요한계시록은 크게 두 분류 "불신자"와 "성도", "세상"과 "교회", "음녀"와 "신부"로 대조 되어 나타난다. 전자는 주님께서 심판하시는 대상이고, 후자는 은혜를 베푸시는 대상이다. 요한계시록은 이 두 분류를 향한 하나님의 메세지이다. 요한계시록 6장에 이르기 까지 6째 인을 떼시며, 이 불신 세상에 진로를 쏟으시는 중에, 6장 마지막 절 17절에, "그들의 진로의 큰 날이 이르렀으니 누가 능히 서리요"라고 묻는다. 이때 바로 등장하는 사람들이 요한계시록7:1로 시작하는 144,000 인들이다. 즉 하나님께서 불신 세상을 심판하시는 진노의 큰 날에 하나님 앞에 설 수 있는 자들은 누구인가? 그들은 바로 "교회","신부"로 표현되고 있는 "구속받은 성도들"이라는 메시지이다. 즉, "세상", "음녀", "불신자들"과 반대되는 성도들의 무리, 구속받은 성도들을 "144,000 인" 이라고 상징적(象徵的)으로 표현하고 있는 것이다.

### ▶ 144,000 (듣고) = 능히 셀 수없는 큰 무리 (보았다)

처음에 요한은 "네 천사가 땅 모퉁이에 선 것을 본다"(계7:1). 그리고 "해 돋는 데로 부터 올라온 다른 천사가 외치는 소리"를 듣게 된다(2절). 그 천사로 부터 "인 맞은 자들의 수를 귀로 듣게" 되었다(4절). 여기서 요한은 눈으로 본게 아니다, 귀로 들었다. "들었음"에 유의하자, 요한은 144,000 이라는 숫자를 듣고 무엇이라고 생각했을까? 이윽고 장면이 바꾸어, "이 일 후에 내가 보니.." (9절) 요한이 이제 직접 보게 되었다. 요한의 눈 앞에 펼쳐진 광경은 보좌 앞 어린 양 앞의 " 능히 셀수 없는 큰 무리가 흰 옷을 입고" 있는 모습이었다. 이것은 4절과 바로 연결된다. 즉 천사에게 귀로 들었던 인맞은 자 144,000인의 실체를, 이어 지는 환상에서 "능히 셀수 없는 큰 무리로..."(9절) 눈으로 직접 보았던 것이다.

다시 말해서 요한이 천사에게 들었던(4절) 인 맞은 자의 수 144,000의 모습을 요한은 "아무라도 셀수 없는 큰 무리" 로 보았던(9절) 것이다. 그리고 요한 자신도 계14:1절에서 "어린양과 함께 서 있는 수 많은 무리들을" 천사의 표현대로 144,000 인 이라고 표현하고 있는 것이다.

## ▶ 144,000 의미 (상징적 의미)

계 7:4-8절에 인 맞은 자들의 수(數)가 기록되어 있다. 총수는 144,000명이요, 지파별로는 12,000명 씩이다. 여기에서 각 지파에 12,000명 이라고 했을때, 문자적으로 더하거나 뺌이 없는 정확한 수(數) 12,000명을 의미하는가? 아니다. 더욱이 144,000명도 문자적인 숫자가 아니다. 요한이 시온산에 서있는 144,000명을 보았다고 했을 때, 더 함도 덜 함도 없는 144,000인을 보았다는 의미가 아니다. 요한이 한 순간에 그곳에 서 있는 사람들의 수를 헤아려 봤다는 의미가 아니다. 왜냐하면, 144,000인은 결코 눈으로 보고 즉각적으로 셀 수 있는 숫자가 아니기 때문이다. 이것은 분명히 상징적(象徵的)인 수(數)이다.

이 숫자의 의미는 다음과 같다. 12,000은 12 x 1,000의 숫자이다. 144,000은 12 x 12 x 1,000의 숫자이다. 여기에 12는 "완전수"를 의미한다. 하나님은 구약에서 야곱의12 지파를 통하여 당신의 민족을 이루셨다. 예수님은 12제자를 통하여 신약의 당신의 자녀를 부르신다. 여기에 1,000은 "전체", "충만"을 의미하는 수(數)이다. "이는 삼림의 짐승들과 천 산의 생축이 다 내 것이며" (시 50:10), "나를 사랑하고 내 계명을 지키는 자에게는 천대까지 은혜를 베푸느니라"(출 20:6) 이 본문에 사용된 1,000 이라는 의미는 히브리어 אֶלֶף (엘레프 505),로서 "무한한" "셀수 없는" 의 의미이다. 즉 각 지파의 인 맞은자 12,000은 완전수12에 충만수 1,000을 곱한 것이다. 인 맞은 자의 총수 144,000명은 구약의 완전수 12, 신약의 완전수12에 충만 수(אֶלֶף) 1,000을 곱한 것이다. 그렇다면 이 수(數)가 의미하는 것은 무엇인가? 각 지파의 구원받은 모든자, 신,구약의 구원받은 모든 자를 의미하는 것이다. 이러한 해석은 아브라함에게 이미 약속하신 예언의 말씀 창22:17,18절(헤아릴 수 없는 자손의 복)과 정확히 일치한다.

**즉, 144.000 (계7:4) = 능히 헤아릴 수없는 큰무리 (계7:9) = 시온산에 144.000 (계4:1)**

이들이 동일한 대상이라는 것은 이들을 표현하고 있는 본문을 보아도 알 수 있다. 계7:3절의 144,000명에 대하여 "우리 하나님의 종들", 계7:14절의 "헤아릴 수 없는 큰 무리"를 "어린양의 피에 그 옷을 씻은 사람들", 계14: 3절의 144,000명을 "땅에서 구속함을 얻은 사람들"이라는 표현이다. 즉 "우리 하나님의 종들"(사41:8; 44:21; 마25:14-23)이나, "어린양의 피에 그 옷을 씻은 사람들", "땅에서 구속함을 입은 사람들" 이런 표현들은 모두 예수 그리스도의 보혈로 구원받은 하나님의 ""백성""성도들을" 의미하는 것이다. 그러므로 계7장과 14장의 144,000숫자의 의미는 신구약의 "구속받은 모든 성도들"을 의미함을 분명히 알 수 있다.

## ▶ 학습 후 질문

1. 요한 계시록 7장과 14장의 구원 받은 자 144,000 인(人)은 실제의 수(數)인가 상징수(數) 인가 ?

2. 계시록의 144,000 인을 "실제의 수"라고 처음으로 주장한 이단은 어디인가?

3. 계시록7장 14장의 144,000인이 의미하는 것은 무엇인가 ?

4. 144,000 인이 실제의 수라고 주장하는 단체는 어디인가?

5. 이들은 왜(Why) 144,000 인이 실제의 수라고  주장하는 가?

# 9. 지상 천국(낙원)교리

(이 지상(땅) 위에 천국이 이루어 진다. 주장)

# 9. 지상 천국교리

( 이 지상(땅) 위에 천국이 이루어 진다. 주장 )

이단들의 대표적인 공통교리 가운데 또 다른 하나는 "이 땅 위에 지상낙원(地上樂園), 이 땅 위에 천국이 이루어진다"는 "지상천국(낙원)" 교리이다. 거의 대부분의 이단들이 자신들만의 "지상천국"을 주장하며 사람들을 미혹하고 있다. 자신들의 예배의 처소, 거주공간, 아니면 어떤 특정한 지역을 정해 놓고 그곳이 "지상천국(地上天國)", "지상낙원(地上樂園)"이라는 주장이다. 그리고 이 지상낙원, 지상천국에 들어가기 위해서는 교주(敎主) 자신의 말을 믿고 따라야 하며, 순종해야 한다고 가르친다. 이와같은 비(非)성경적인 주장은 거의 모든 이단에서 공통적으로 살펴 볼 수 있다. 예로서 한국 사람이 교주인 이단들은 대부분 "지상천국(天國)이 대한민국에서 이루어 진다"고 주장한다. 아니면 어떤 특별한 지역을 정해놓고 그곳이 "지상낙원", "천국"이라고 주장한다. 그렇다면 왜 이단들은 한결같이 지상천국을 주장하는가?  그 이유를 성경을 통하여 살펴보자

## ▶ 지상천국(낙원)을 주장하는 이단들

이단 교주(敎主)들은 자신을 통하여 지상천국(地上天國)이 이루어 진다고 주장한다.

**통일교, 문선명** / 『원리강론』 p 122, " 역사의 목적은 에덴동산의 복귀 "

　　　　　　　　　　p 226, " 인류역사는 지상천국을 이루려는 복귀역사 "

**신천지, 이만희** / 『요한계시록의 실상』 p 452," 이 땅에 지상천국이  펼쳐진다. 슬픔도 사망도 없는"

　　　　　　　　『계시록의 진상2』 p 450,  " 신천지에서 지상 천국이 펼쳐진다 :"

**애천교회, 정명석(JMS)** / 『비유론』 p 51 " 재림주를 중심으로 지상천국을 건설할 때는  "

　　　　　　　　　　『역사편』 p 38 " 지금은 재림 주를 맞이하여 지상천국을  이루는 역사 "

**재림예수교회, 구인회** / 『새하늘과 새땅 지상천국은 재림예수교회에서 이루어진다』 p 12,13

**여호와의 증인** / 『우리는 지상 낙원에서 영원히 살 수 있다 』 p7

## ▶ 지상천국(낙원)을 주장하는 사람들과 그 서적(책)들

> **문선명 저서, 『원리강론』, p226**

인류역사는 에덴동산에서 잃어버렸던 생명나무(창 3 : 24)를 역사의 종말의 세계에서 복귀하여(계 22 : 14) 지상천국(地上天國)을 이루려는 복귀섭리(復歸攝理)의 역사인 것이다. 우리는 에덴동산의 생명나무(창 2 : 9)와 종말의 세계에서 복귀되어질 생명나무(계 22 : 14)가 어떠한 관계를 가지고 있는가 하는 것을 앎으로써, 완성한 아담과 예수님과의 관계를 알 수 있게 되는 것이다.

> **이만희 저서, 『요한계시록의 실상』, p452**

영계 하나님의 장막이 사람들에게 내려온다는 본문 말씀과 달리 많은 목자들은 천국이 이 땅에 오는 것을 모르고 그저 죽어서 가는 곳으로 착각하고 있다. 그들은 성경대로 지상 천국이 이루어진다고 말하는 자를 이단으로 취급할 것이다. 그러나 본문에 비추어 볼 때 진짜 이단은 성경에 지식이 없어 천국을 죽어서 가는 곳으로만 오해하는 자가 아닌가. 데살로니가 전서 4장 14절에 의하면 재림 예수님께서는 주 안에서 죽은 자들까지 데려 오신다고 한다.

영계의 천국이 초림 예수님께 왔던 것(마4:17)처럼 본문과 같이 약속한 말씀을 지키는 자에게 와서 함께 하므로(요14:23) 이제 다시는 눈물, 애통, 사망, 고통이 있지 않게 된다. 미혹과 배도와 멸망 등 이전에 있던 모든 것이 다 지나갔으므로 이제부터는 슬픔도 사망도 없는 영원한 낙원의 세계만 있게 되고 범죄하기 전의 에덴 동산이 회복된다.

> **이만희 저서, 『계시록의 진상2』, p450**

초림때 예수님을 중심하여 열두 제자가 있은 것과 같이 오늘날도 하나님의 장막(교회)을 중심하고 12 지파가 좌우로 둘러 사는 것을 말해서 보좌가 가운데 있다고 한것이다. 앞에서 본 에스겔 48장과 이사야 65장을 읽고 지상 천국이 펼쳐지는것을 알고 그 나라와 그의 의 곧 신천지 증거장막을 찾아 그 진상을 듣고 보고 깨달아 생명나무가 있는 거룩한 성에 참예 하는자 되기를 당부하는 바이다(참조 눅13:23-30보기).

**정명석 교재(비유론), p51**

이것은 신약시대의 해 같은 사명자인 예수님을 중심한 신약의 말씀과 그 신약인들이 재림주가 오면 새시대, 새말씀으로 구시대인 신약은 사명의 빛을 잃는다는 것이다.

결론적으로 시편 84편 11절에서 나와 있듯이 해 같은 하나님께서 구약을 중심하여 섭리하시다가 시대를 전환하여 신약시대 때 예수님을 중심한 아들 섭리권을 이끌 때는 구약시대 율법 말씀을 중심한 종의 시대는 빛을 잃게 된다. 또다시 하나님께서 시대적인 전환을 일으켜 재림주를 중심하여 시대를 이끌어 지상천국을 건설할 때는 또한 신약시대는 자동적으로 사명의 빛을 잃을 것이다. 이것은 종교뿐 아니라 정치에서 구정권은 신정권이 들어서면 자동적으로 빛을 잃는 이치와 같다 하겠다.

**정명석 교재(역사론), p38**

앞에서 살펴 본 바와 같이 지금은 바로 예수님이 재림하실 때이다. 하나님의 섭리는 아담 타락 이후 2,000년간은 아브라함 한 사람을 찾기 위한 역사였고, 아브라함의 후손을 선민으로 택한 것은 예수님 한 분을 맞기 위한 역사였다. 기독교 2,000년의 역사는 재림하시는 예수님을 맞기 위한 준비이고, 재림주를 맞이하여 하나님의 창조 목적인 지상천국을 이루기 위한 역사이다. 이제 인류의 오랜 숙원이었던 이상세계 건설을 위하여 온 인류가 하나님의 구원 섭리의 대열에 설 때가 되었다는 것이다.

**구인회 교리 책(새하늘과 새 땅 지상천국은 재림예수교회에서..) p13**

지상에서 이루어지는 천국은 하루아침에 이루어지는 것이 아니라 인자가 구름(사람 육신)을 타고 대한민국 땅에 오시는 1971년 음력 1월 17일 이후부터 천국이 겨자씨 한 알 같이 작게 이루어지기 시작하여, 이 세대가 지나가기 전, 서기 2000년 전후에 성경에 모든 예언의 말씀이 이루어져 인간이 죽음이 없는 지상 천국이 시작되는 것이다(눅 21:27-36. 계 21:1-4).

요한계시록 5장에 다윗의 뿌리·어린양·재림 예수님께서 일찍 죽임을 당하신 후에(계 11:8), 요한계시록 예언의 말씀이 이루어지는 것이다. 어린양·재림 예수님께서 육체로 죽임을 당하시고 영으로 살리심을 받으신 후에, 계시록 6장부터 계시록 18장까지 일곱 인을 떼시므로 7년 지나 영적으로 소돔이 된 큰 성 바벨론(큰 음녀의 교회)이 무너지고, 하나님께서 사랑하시는 성·거룩한 성·새 예루살렘·하나님의 장막·재림 예수 교회가 다시 건설되어 1000년(10년)이 지난 후에 새 하늘과 새 땅, 다시 사망이 없고 애통하는 것이나 곡하는 것이나 아픈 것이 다시없는 지상 천국이 이루어지는 것이다(계 21:1-4).

**땅에서** 행복하게 산다는 것 - 단지 짧은 동안이나마도 불가능한 이야기처럼 들립니다. 병들고, 늙고, 굶주리고, 범죄로 시달리고 - 삶을 고통스럽게 하는 문제들 몇 가지만 열거해도 그러합니다. 그러므로 지상 낙원에서 영원히 산다는 것을 이야기하는 것은 사실을 무시한 것이라고 생각할지 모릅니다. 그것은 시간 낭비이며, 영원히 산다는 것은 단순한 꿈이라고 생각할지 모릅니다.

2 대부분의 사람들이 그렇게 생각하는 것은 분명합니다. 그런데도 어떻게 **우리는 지상 낙원에서 영원히 살 수 있다**고 말할 수 있읍니까? 영원한 생명이 단순한 꿈이 아니라고 믿을 수 있는 이유가 있읍니까?

## 믿을 수 있는 이유

3 우리가 그것을 믿을 수 있는 이유는 절대자이신 전능하신 하나님께서 이 땅에다 우리에게 필요한 모든 것을 갖추어 주셨기 때문입니다. 이 땅은 우리에게 꼭 알맞은 창조물입니다! 하나님께서는 남녀가 이 **땅에서** 온전히 생명을 즐기도록, 그것도 영원히 즐기도록 가장 알맞게 그들을 창조하셨읍니다. - 시 115:16

## ▶ 이단들이 지상천국을 주장하는 이유

▶ **사 14:12-14절,** 너 아침의 **아들 계명성**이여 어찌 그리 **하늘에서 떨어졌으며** 너 열국을 엎은 자여 어찌 그리 **땅에 찍혔는고** / 13) 네가 네 마음에 이르기를 내가 하늘에 올라 하나님의 뭇별 위에 나의 보좌를 높이리라 내가 북극 집회의 산 위에 좌정하리라 / 14) 가장 높은 구름에 올라 지극히 높은 자와 비기리라 하도다

▶ **눅 10:17-20절,** 칠십 인이 기뻐 돌아와 가로되 주여 주의 이름으로 귀신들도 우리에게 항복하더이다/ 18) 예수께서 이르시되 **사단이 하늘로서 번개 같이 떨어지는 것**을 내가 보았노라 / 19) 내가 너희에게 뱀과 전갈을 밟으며 원수의 모든 능력을 제어할 권세를 주었으니 너희를 해할 자가 결단코 없으리라 / 20) 그러나 귀신들이 너희에게 항복하는 것으로 기뻐하지 말고 너희 이름이 하늘에 기록된 것으로 기뻐하라 하시니라

▶ **계 12:7-13절,** 하늘에 전쟁이 있으니 미가엘과 그의 사자들이 용으로 더불어 싸울새 용과 그의 사자들도 싸우나/ 8) 이기지 못하여 다시 **하늘에서 저희의 있을 곳을 얻지 못한지라** / 9) 큰 용이 내어 쫓기니 옛 뱀 곧 마귀라고도 하고 사단이라고도 하는 온 천하를 꾀는 자라 **땅으로 내어 쫓기니 그의 사자들도 저와 함께 내어 쫓기니라** / 10) 내가 또 들으니 하늘에 큰 음성이 있어 가로되 이제 우리 하나님의 구원과 능력과 나라와 또 그의 그리스도의 권세가 이루었으니 우리 형제들을 참소하던 자 곧 우리 하나님 앞에서 밤낮 참소하던 자가 **쫓겨났고** / 11) 또 여러 형제가 어린 양의 피와 자기의 증거하는 말을 인하여 저를 이기었으니 그들은 죽기까지 자기 생명을 아끼지 아니하였도다 /12) 그러므로 하늘과 그 가운데 거하는 자들은 즐거워하라 그러나 땅과 바다는 화 있을진저 이는 **마귀가 자기의 때가 얼마 못된 줄을 알므로 크게 분내어 너희에게 내려갔음이라** 하더라

위의 구절들을 통하여 우리는 사단의 현재의 상태를 볼 수 있다. 사14:12절에서는 사단이 "하늘에서 떨어졌고", "땅에 찍혔다"라고 기록하고 있으며,  눅10:17절에서는 "사단이 하늘에서 번개처럼 떨어지는 것"을 보았다고 예수님께서 말씀하셨다. 이는 예수 그리스도의 십자가의 승리로 말미암아 사단이 하늘에 있을 권세를 잃었음을 의미한다. 그리고 계12:9절에서는 사단이 하늘에 있을 곳을 얻지 못하고 "땅으로 내어 쫓기니"라고 기록하고 있다. 이 구절들이 의미하는 것은 무엇인가? 이는 본문의 내용대로 사단이 하늘에서의 권세를 잃어 버리고, 하늘로 부터 이 땅 위로 내어 쫓겨 왔다는 것을 의미한다. 즉, 사단의 활동 무대가 하늘이 아니라 지금 우리가, 사람들이 살고 있는 "이 땅 위"라는 것이다.

사단이 하늘에서 쫓겨 내려온 뒤에, 영원한 불 못에 던져지기 전까지 이 땅 위에서 잠시 동안은 활동 할 수 있게 되었다(계20:10). 그러므로 사단은 하늘이 아닌 이 땅 위에서 잠시동안 이나마 자신의 왕국을 건설하고자 하는 것이다. 이것이 사단의 영에 붙들린 이단 교주들이 그토록 "지상낙원", "지상천국"을 동일(同一)하게 주장하는 이유이다.

## ▶ 정통교회의 해석(반증)

성경은 결코 "지상천국(地上天國)"을 말하지 않는다. 주님께서 재림(再臨)하시기 전에 이 세상이 낙원이 된다고 하지 않는다. 이 세상은 벧후3:10절의 말씀같이 주의 날에 "하늘이 큰 소리로 떠나가고 체질이 뜨거운 불에 풀어"지게 될 것이다. 이단들이 주장하는 소위 이 시대의 "지상낙원", "지상천국"은 비성경적인 주장이다. 오히려 말세(末世)가 될 수록 적그리스도들이 난무하고, 기근과 지진, 전쟁과 환난이 있으며 사랑이 식어질 것이라고 깨어있으라고, 준비하고 있으라고 경고하고 있다(마24장). 그러므로 성도들은 현재(現在)의 지상낙원을 꿈꾸지 않는다. 오히려 주님께서 약속하신 하늘 본향을 사모한다. 주님께서 재림 하실때에는 지금의 땅과 하늘이 아닌 새 하늘과 새 땅을 허락하신다.

▶ 히 11:13-16절, 이 사람들은 다 믿음을 따라 죽었으며 약속을 받지 못하였으되 그것들을 멀리서 보고 환영하며 또 땅에서는 외국인과 나그네로라 증거하였으니 / 14) 이같이 말하는 자들은 본향 찾는 것을 나타냄이라 / 15) 저희가 **나온 바 본향**을 생각하였더면 돌아갈 기회가 있었으려니와 / 16) 저희가 이제는 **더 나은 본향**을 사모하니 **곧 하늘에 있는 것이라** 그러므로 하나님이 저희 하나님이라 일컬음 받으심을 부끄러워 아니하시고 저희를 위하여 **한 성을 예비**하셨느니라

▶ 요 14:1-3절, 너희는 마음에 근심하지 말라 하나님을 믿으니 또 나를 믿으라 / **내 아버지 집에 거할 곳이 많도**다 그렇지 않으면 너희에게 일렀으리라 내가 너희를 위하여 **처소를 예비하러** 가노니 / 가서 너희를 위하여 **처소를 예비하면** 내가 다시 와서 너희를 내게로 영접하여 **나 있는 곳에 너희도 있**게 하리라

▶ 벧후 3:10-14절, 그러나 주의 날이 도적 같이 오리니 **그 날에는 하늘이 큰 소리로 떠나가고 체질이 뜨거운 불에 풀어지고** 땅과 그 중에 있는 모든 일이 드러나리로다 / 11절, 이 모든 것이 이렇게 풀어지리니 너희가 어떠한 사람이 되어야 마땅하뇨 거룩한 행실과 경건함으로 / 12) 하나님의 날이 임하기를 바라보고 간절히 사모하라 **그 날에 하늘이 불에 타서 풀어지고 체질이 뜨거운 불에 녹**아지려니와 / 13) 우리는 그의 약속대로 의의 거하는 바 **새 하늘과 새 땅**을 바라보도다 / 14) 그러므로 사랑하는 자들아 너희가 이것을 바라보나니 주 앞에서 점도 없고 흠도 없이 평강 가운데서 나타나기를 힘쓰라

히브리서11장 14절의 "본향"이란 헬라어 πατρις´ (파트리스,3968) 는 "조국, 고국, 고향, 본향"을 의미한다.  요14:1~3절,  내 아버지 집에 거할 "처소" τόπος (토포스, 5117)는 "장소, 곳, 주변 공간으로부터 구별되는 어떤 장소를 의미한다.  즉 우리의 고향, 본향, 우리가 거할 곳은 하늘에 있는 "어떤 장소", "어떤 곳"이다. 주님께서 재림하시는 날 비로소 이 세계가 완전히 천지 개벽하는 "새 하늘"과 "새 땅"이 되는 것이다(벧후3:10-14).  그러므로 이단들이 공통적으로 주장하는 "지상천국(地上天國)", "지상낙원(地上樂園)" 주장은 성경의 가르침에서 완전히 벗어난 비성경적인 주장이다.

▶ 학습 후 질문

1. 주님의 재림 전에 천국(낙원)이 지상에서 이루어 진다는 성경 본문이 있는가?

2. 지상 천국을 주장하는 사람들은 누구인가?

3. 왜 이단들은 한결 같이 "지상천국", "지상낙원"을 주장하는 가? (사14:12-14, 눅10:17-20, 계12:7-13)

4. 이와 관련하여 성경은 무엇이라 가르치는가? ( 히11:13-16, 요14:1-3, 벧후3:10-14)

# 10. 다른 구원론(이단들의 최종 결론)

( 예수는 하나님의 아들이 아니며,  믿음으로 구원받는 것이 아니다. 주장 )

# 10. 다른 구원론 (이단들의 최종 결론)
### ( 예수는 하나님의 아들이 아니며, 믿음으로 구원받는 것이 아니다. 주장)

지금까지 이단 교리의 첫 단추인 "이중아담론"으로 부터 시작하여 "시대별 구원자론", "삼시대론", "성경은 비유로 되어있다" 등 이단들의 공통교리들을 차례로 살펴보았다. 앞에서 언급한 것들은 여러 이단들이 공통적으로 주장하는 교리들이지만, 어느 한 이단이 이 모든 것을 동시에 주장하는 것은 아니다. 예로서 하나님의 교회는 "삼시대론", "비유풀이", "성경의 동방은 한국이다" 등을 주장하지만, "이중아담론"이나 "시대별구원자론", "세례요한 배도자 교리" 등은 주장하지 않는다. 그러나 모든 이단들(국내, 국외)이 한결같이 공통적으로 주장하는 교리가 있다. 그것은 바로 "다른 구원론"의 주장이다.

우리는 제1과 "성경의 기록목적"과 "성경의 주인공"에서 보았듯이 하나님께서 성경을 기록하게 하실 때에는 그 목적과 주인공이 있었다. 그 목적이 무엇이었는가? "오직 이것을 기록함은 너희로 예수께서 하나님의 아들 그리스도이심을 믿게 하려 함이요 또 너희로 믿고 그 이름을 힘입어 생명을 얻게 하려 함이니라"(요20:31) 였다. 성경기록 목적은 "예수 그리스도를 믿고 생명을 얻게" 하려 함이었다. 또한 성경의 주인공은 누구이신가? "너희가 성경에서 영생을 얻는 줄 생각하고 성경을 상고하거니와 이 성경이 곧 내게 대하여 증거하는 것이로다"(요5:39절). 바로 하나님의 아들 예수 그리스도이시다. 그런데 모든 이단들은 최종적(最終的)으로 이것을 부인(否認)한다. 예수 그리스도의 인성과 신성을 부인함으로 "하나님의 아들 되심을 부인"하거나, "믿음으로 말미암은 구원"을 부인(否認)한다. 즉 "다른 구원론"의 주장이다. 바울이 그렇게 저주를 선포하였던 "다른 복음", "다른 예수", "다른 교리"를 통하여 최종적으로 "다른 구원론"을 주장하는 것이다.(갈1:6-9).

하나님께서는 인류에게 영원한 생명을 주시기를 원하셨다. 그러나 에덴동산의 사단은 아담과 하와에게 "선악과"를 먹게 하므로 영원한 생명을 빼앗았다. 하나님은 또 다시 예수 그리스도를 통하여 죄인들을 구원하시고 영원한 생명을 주시기를 원하신다. 그러나 지금의 사단 역시 과거와 동일하게 우리에게 주신 구원의 기회를 박탈하려 한다. "구원의 유일한 길과 진리요 생명되시는 예수 그리스도를 믿지 못하게" 함으로 또 다시 하나님께서 주신 생명의 기회를 빼앗으려한다. 바로 이것이 이단들의 목표이다. 그러므로 각 이단들의 교리들은 조금씩 달라도 모든 이단들의 한 가지 공통점은 바로 "다른 구원론"의 주장이다. 그들은 성도들에게 주신 영원한 생명의 기회를 뺏기 위하여, 최종적으로 "다른 예수", "다른 복음", "다른 구원자", "다른 구원의 길"을 주장한다.

## ▶ 이단들의 구원론

모든 이단들의 구원론은 동일하다. 이들은 " 죄인들이 어떻게 구원을 받을 수 있는가?"에 있어서 성경적인 가르침을 부인(否認)한다. 첫째, 예수 그리도께서 "하나님의 아들"이심을 부인한다. 예수 그리스도의 인성(人性)혹은 신성(神性)을 부인한다. 둘째, 믿음, "오직 믿음으로 말미암는 구원"을 부인한다. 이단들은 많은 교리들을 가르치지만 최종적으로 공통적으로 이 두 가지 사실을 부인(否認)한다. 이 두 가지는 하나님께서 타락한 인류를 구원하시기 위한 특별한 은혜요, 선물이다(엡2:8,9). 이것이 곧 복음이다. 하나님의 아들 "예수 그리스도를 믿음으로 말미암은 구원", 이것이 성경의 핵심이요, 성경의 기록목적이며(요20:30,31), 하나님의 아들 예수 그리스도를 이 땅에 보내신 이유이다(요3:16).

사도행전 16:30,31절의 "선생들아 내가 어떻게 해야 구원을 얻으리이까" 라고 "구원의 방법(How to save)을 묻는 빌립보 간수의 질문에, "주 예수를 믿으라  그리하면 너와 네 집이 구원을 얻으리라"(31절) 라고 즉시 대답해 준 바울의 말 속에서, 우리는 정확한 "구원론"을 알 수 있다. 성경적인 구원론은 바로 "예수 그리스도를 믿음으로 말미암는 구원"이다.  성경에 이러한 분명한 가르침이 있음에도 불구하고 이단들은 부인한다. 첫째는 구원자이신 예수 그리스도를 부인하고, 둘째는 구원의 방법인 오직 믿음을 부인한다. 모든 이단들은 최종적으로 공통적으로 이것을 부인한다. 그들에게 구원자는 더 이상 예수 그리스도가 아니며, 그들의 구원의 방법은 오직 믿음이 아니다. 결과적으로 성경의 핵심적인 진리를 부인(否認)하는 것이다. 그들에게 구원자는 "자신" 혹은 "자신들의 교주"이며. 그들의 구원의 방법은 자신들의 "노력과 행위"(절기지킴, 전도, 봉사, 헌신, 성경공부, 헌금, 기타)이다. 이와같이 다른 구원론의 주장은 모든 이단들의 공통적인 교리이다.

## ▶ 한국교회 이단들의 "구원론"

▶ **신천지, 이만희** / 『천국비밀의 계시』 p 16,17 " 그러므로 <u>비유로 봉함된 계시록은</u> 열어서 이루는 때가 있고, 이룰 때에는 <u>보고 깨달아 믿는 자가 구원에</u> 이르게 된다."

『천국비밀의 계시』 p 50, "그러므로 계시록 시대의 지상 모든 사람들은 <u>사도요한 격인 목자를 만나 그의 증거를 받아 믿고 지켜야 구원이</u> 있음을  명심해야 한다. "

▶ **하나님의 교회, 안상홍, 장길자** / 『하나님의 비밀과 생명수의 샘』 p 253, 254

" 다시 말 하자면 신약에 와서 새 언약의 유월절 성만찬의 떡과 포도주 (어린 양의 살과 피)로 이 죄악 세상에서 구속함을 받고 마지막 칠재 앙을 면하고 ...

『내 양은 내 음성을 듣나니』 p 79,

" 새 언약 유월절 안에는 영생이 있고 진리와 구원과 사랑이 담겨 져 있습니다. 또한 천국이 있고 하나님을 알 수 있는 징표가 있습니다. 이제 새 언약 유월절(逾越節)은 우리 모두에게 영원한 다윗의 열쇠가 되어서 "

▶ **통일교, 문선명** / 『원리강론』 p 161, " 이와 같이 예수님은 그의 육신이 사탄의 침범을 당함으로써 육적 구원섭리의 목적은 달성하시지 못하였다. "

p 162, " 예수님은 이와 같이 십자가로써 청산하시지 못한 원죄를 속하 고 육적 구원을 완성함으로써 영육(靈肉) 아우른 구원섭리의 목적을 완성하시기 위하여 지상에 재림하시지 않을 수 없게 된 것이다. "

▶ **애천교회, 정명석(JMS)** / 『입문편』 p 13 " 특히 선생님은 하늘이 보낸 자로 우리들의 생명을 살리 신 시대 구원의 원천이며, 또 그 모든 말씀은 우리들의 신앙과 존재의 근 원이자 생명과 에너지이기에 더욱 자세하고 정확히 알아야만 한다. "

『초급편』 p 103 " 비유를 깨닫고 못 깨닫고 함에 따라 하나님 나라의 비밀의 허락과 구원 이 좌우된다. "

▶ **재림예수교회, 구인회 (재림예수)** / 『새하늘과 새땅 지상천국은 재림예수교회에서 이루어진다』 p74,

" 재림 예수를 믿어야 육체가 구원(영생) 받 을 수 있고, 지상에서 이루어지 는 천국에 들어갈 수 있다."

▶ **여호와의 증인** / 『성경을 사용하여 추리함 』 p 252,

　　　　" (3) 예수 그리스도: 그들은 <u>예수 그리스도가 삼위일체 신의 한 위가 아니라</u> ,

　　　　　성서의 가르침대로 , <u>하느님의 아들이고 , 하느님의 첫 번째 장조 물이며..</u>"

『성경을 사용하여 추리함 』 p 53,54, **" 구원을 얻기 위해 믿음외에 더 요구되는 것이 있는가?"**

　　　　　　　　결론: <u>믿음만이 아닌 "순종과 행함"이 있어야 한다.</u>(히:9)

『성경을 사용하여 추리함 』 p 292, " 그러므로 합리적으로 볼 때, <u>천사장 미가엘은 예수 그리스도이다.</u>

▶ **제칠일 안식교** / 『안식교 왜 이단인가, 진용식 저 』 p 25, / 『최대의 책의 문답 』 p. 122 인용

　　　　" <u>율법을 완전히 지킬수 있으며, 율법을 완전히 지켜야 구원을 받는다고</u> 주장한다."

　　　　『어두움이 빛을 이기지 못하더라, 신계훈 저 』 p 440,

　　　　" 이처럼 십자가를 통하여 얻은 과거의 구원인 <u>의롭게 된(稱義) 경험이</u> 마지막 날에 있

　　　　게 될 진노하심으로부터 구원받는 데 이르기까지 <u>현재의 성화를 통하여 유지되고 성</u>

　　　　<u>숙되어야 하는</u> 것이다."

▶ **영생교 (조희성 )** / 『SBS 뉴스 보도 』, " <u>헌금을 내야지만 영생이 보장된다.</u>주장 "

▶ **만민중앙교회 (이재록 )** / 『Jtbc 보도』 " <u>자신과 성(性) 관계를 해야 천국에 갈 수 있다</u> "

▶ **전능신교(동방번개)** / " 오직 동방 번개파에 속하여 <u>그들의 교리를 믿고, 여 그리스도에게 순종해야</u>

　　　　　　<u>구원을 얻을 수 있다.</u>"

▶ **구원파** / 『 죄사함 거듭남의 비밀 1』 p 39, ( p 149, 믿음이란? 예수(himself)가 아닌 사실(fact)을 믿는 것 )

　　　　" 사랑하는 여러분, 여러분은 교회를 얼마나 다녔는지 모르지만 정확히 죄 씻는 방법을 알고

　　　　계십니까? 어떻게 하면 여러분의 죄가 눈처럼 희게 씻어지는 지 그 방법을 알고 계십니까?

　　　　<u>그냥, "예수님을 믿으면 죄가 씻어지겠지" 가 아닙니다.</u>  확살하게 죄가 씻어져야 합니다.

　　　　...여러분의 <u>죄를 사함 받는 날이 여러분에게 꼭 필요</u> 합니다."

## ▶ 다른 구원론을 주장하는 사람들과 그 서적(책)들

### 이만희 저서, 『천국비밀 계시』 p16

그러므로 비유로 봉함된 계시록은 열어서 이루는 때가 있고, 이룰 때에는 보고 깨달아 믿는 자가 구원에 이르게 된다.

위에서 언급한 바와 같이 계시는 감추인 비밀을 열어서 보이는 것이다. 성경은 신(성령)의 뜻이요 신서(神書)이므로 신이 말씀한 것은 그 신이 와서 깨우쳐 주어야만 알 수 있는 것이다.

그러므로 하나님께서는 시대마다 택한 목자를 통해 계시해 주시니 이 택한 목자가 하나님의 대언자(보혜사, 요일2:1)이다. 성도는 보냄을 받은 대언자(목자)를 통해 계시를 받게 된다.

### 이만희 저서, 『천국비밀 계시』 p50

또다시 강조하노니 일곱 별의 사자가 있는 일곱 금 촛대 장막과 사도 요한의 입장으로 오는 대언의 목자는 오늘날 나타나는 비밀의 장막과 목자이다.

미리 기록된 계시록이 응할 때에는 기록된 이대로 가감 없이 이루어지고 2,000년전의 사도 요한과 같은 대언의 목자가 출현하여 예수님의 안수와 지시를 받고 보고들은 대로 증거 한다.

그러므로 계시록 시대의 지상 모든 사람들은 사도 요한 격인 목자를 만나 그의 증거를 받아 믿고 지켜야 구원이 있음을 명심해야 한다.

### 안상홍 저서, 『하나님의 비밀과 생명수의 샘』 p253,254

출애굽할 당시 유월절 양의 피로 인하여 구속함을 받은 것은(출 12장 12-14절) 신약시대에 있을 거울이었는데 구약시대 거울을 봄으로 실물의 완전한 유월절로 말미암아 구원함을 받는 것을 알게 되는 것이다. 다시 말하자면 신약에 와서 새 언약의 유월절 성만찬의 떡과 포도주(어린 양의 살과 피)로 이 죄악 세상에서 구속함을 받고 마지막 칠재앙을 면하고 하늘 거룩한 성에 들어가는 것을 구약 역사 속에서 다 볼 수 있도록 모형을 두신 것이다.

## 김추철 (하나님의교회 총회장) 『 내양은 내 음성을 듣나니 』 p79

성경도 마찬가지입니다. 66권의 방대한 내용과 모든 설명들이 하나님을 중심으로 구성되어 있고 기록되어 있습니다. 하나님께서는 당신의 모든 뜻을 알리기 위해 보조적인 내용의 중심을 새 언약 유월절에다 두셨습니다. 새 언약 유월절 안에는 영생이 있고 진리와 구원과 사랑이 담겨져 있습니다. 또한 천국이 있고 하나님을 알 수 있는 징표가 있습니다.

이제 새 언약 유월절(逾越節)은 우리 모두에게 영원한 다윗의 열쇠가 되어서 어두움을 밝혀주는 찬란한 빛이 되고 진리가 되어 사망의 종노릇하는 모든 심령들에게 해방의 기쁨과 구원의 은혜를 선포할 것입니다.

## 문선명 저서, 『 원리강론 』 p154.161

그러면 기독교 신도들의 이러한 신앙생활의 실상은 우리에게 무엇을 가르쳐 주고 있는가? 그것은 십자가에 의한 속죄(贖罪)가 우리의 원죄를 완전히 청산하지 못하였고, 따라서 인간의 창조본성을 완전히 복귀해 주지 못하였다는 사실을 단적으로 말해 주고 있는 것이다. 예수님은 이렇듯 십자가의 대속(代贖)으로써는 메시아로 강림하셨던 그의 목적을 완전히 이룰 수 없다는 것을 아셨기 때문에 재림(再臨)하실 것을 약속하셨던 것이다. 예수님은 지상천국을 복귀하시려는 뜻에 대한 하나님의 예정이 절대적이어서 변할 수 없는 것임을 아셨기 때문에 다시 오셔서 그 뜻을 완성하시려는 것이었다.

p 161 그를 믿음으로써 영육 아울러 그와 하나가 되었더라면 타락인간도 영육 아울러 구원을 받았을 것이었기 때문이다. 그러나 유대인들이 예수님을 불신하여 그를 십자가(十字架)에 내주었으므로 그의 육신은 사탄의 침범을 당하여 마침내 살해되었던 것이다. 그러므로 육신에 사탄의 침범을 당한 예수님을 믿어 그와 한 몸을 이룬 신도들의 육신도 그대로 사탄의 침범을 당하게 된 것이다.

이렇게 되어 아무리 독실한 신앙자라도 예수님의 십자가의 속죄(贖罪)로써는 육적 구원은 완성할 수 없게 되었다.

## 문선명 저서, 『원리강론』 p162

이와 같이 십자가의 대속(代贖)으로 인한 구원은 영적 구원뿐이므로 잘 믿는 신도들에게도 원죄(原罪)는 육적으로 여전히 남아 있어서 그것이 계속적으로 그 자손들에게 유전되어 오는 것이다. 이 때문에 성도들은 그 신앙이 깊어지면 깊어질수록 죄와 더불어 더욱 치열한 싸움을 하게 되는 것이다. 예수님은 이와 같이 십자가로써 청산하시지 못한 원죄를 속하고 육적 구원을 완성함으로써 영육(靈肉) 아우른 구원섭리의 목적을 완성하시기 위하여 지상에 재림하시지 않을 수 없게 된 것이다.

## 정명석 교재, 『입문편』 p13

그렇다면 이 30개론을 강의하는 목적은 무엇인가? 성경에 예언된 새 역사의 도래와 새 구원의 선포 및 새 시대의 개막을 만방에 밝히는 것이다. 즉 하나님의 근본 섭리와 진리 곧 하늘이 보낸 자에 대한 증거이다. 따라서 제아무리 논리적으로 강의를 잘해도 하늘 심정과 하늘을 위한 증거가 없으면 아무 소용이 없다. 또한 무엇보다도 우리는 절대적으로 이 말씀의 근본과 흐름을 알고 선생님이 누구인지 알아야만 한다. 특히 선생님은 하늘이 보낸 자로 우리들의 생명을 살리신 시대 구원의 원천이며 또 그 모든 말씀은 우리들의 신앙과 존재의 근원이자 생명과 에너지이기에 더욱 자세하고 정확히 알아야만 한다. 왜냐하면 선생님과 이 말씀이 어떤 급(또는 차원)인지를 모르고서는 결단코 증거할 수 없기 때문이다.

## 정명석 교재, 『초급편』 p103

제자들이 어찌하여 유대 종교인에게 비유로 말씀하시는가? 를 물었을 때, 예수님께서 "하늘나라 비밀이 너희 곧 제자들에게는 허락되었으나 저희 곧 유대 종교인에게는 허락되지 않았기 때문이다" 고 말씀하셨다. 곧, 유대교인들은 비유속에 갇혀 있으며 하늘 나라가 허락될 수가 없다는 것이다. **천국에 대한 비밀은 바로 말씀에 관한 비밀과 메시아에 관한 비밀**이다. 하늘 역사 및 인류사 최고 비밀의 주인공은 예수님이다. 예수님이 천국을 이루는 구원의 말씀 곧 천국 복음을 가지고 오셨다. 그때 당시 제자들은 예수님이 성경의 비유를 풀어 주실자 비로소 예수님을 구세주로 알아 볼 수 있었다. 그러나 비유속에 갇혀있던 사람들은 자신이 애타게 기다리던 자가 왔는데도 까맣게 모르고 있었다. 고로 **비유를 풀어 깨닫지 못하는 자는 구세주를 만날 수도 없고 천국에도 갈 수 없다는 말과 같다.**

**구인회 교리책,** 『새 하늘과 새 땅 지상천국은 ...』 p74

　　전 세계 기독교인들이 기다리던 재림 예수님께서 대한민국 땅에 오셔서 3
년 동안 천국 복음을 전파하시며, 재림 예수를 믿어야 육체가 구원(영생) 받
을 수 있고, 지상에서 이루어지는 천국에 들어갈 수 있다고 3년 동안 복음을
전파 하셨으나, 이 땅에 모든 기독교인들이 재림 예수님을 영접하지 아니하
였고, 재림 예수를 믿는 사람이 없었으며, 오히려 재림 예수님을 보고 이단
자, 거짓 재림 예수가 나왔다고 핍박하고, 또 다시 재림 예수를 십자가에 못
박는 역사를 하였다. 재림 예수님께서는 성경에 기록된대로 말씀을 이루시고
마지막에는 죄인 중 한 사람으로 헤아림을 입으시고 옥중에 끌려가 20일 동
안 곤욕과 심문을 받으시다가 1976년 음력 1월 29일 옥중에서 운명 하셨다

**여호와의 증인,** 『성경을 사용하여 추리함』, p53, 54

**구원을 얻기 위해서 믿음 외에 더 요구되는 것이 있는가?**

　　에베소 2:8, 9: "참으로, 이 과분한 친절에 의해 여러분은 믿음을
통하여 구원을 받았습니다. 그리고 이것은 여러분으로 말미암은 것이
아니라, 하느님의 선물입니다. 그렇습니다. 그것은 행위로 말미암은 것
이 아니니, 아무도 자랑할 근거가 없게 하려는 것입니다." (구원을 위
한 전체 마련은 하느님의 과분한 친절의 표현이다. 아담의 후손은 그
행위가 아무리 훌륭하다 하더라도, 스스로의 힘만으로 구원을 얻을 수
있는 길이 없다. 구원은 하느님의 아들의 희생으로 치러진 속죄의 가치
를 믿는 사람들에게 하느님께서 베푸시는 선물이다.)

　　히브리 5:9: "[예수께서는] 완전하게 되신 후에, 자기에게 순종하
는 모든 사람에 대하여 영원한 구원을 책임지게 되셨습니다." (이것은
그리스도인들이 "믿음을 통하여 구원을 받"는다는 말씀과 모순되는
가? 결코 그렇지 않다. 순종은 그들의 믿음이 진정한 것임을 증명할
뿐이다.)

　　야고보 2:14, 26: "내 형제들이여, 어떤 사람이 믿음이 있다고 말
하면서도 행함이 없다면 무엇이 유익하겠습니까? 그런 믿음이 그를 구
원할 수 있겠습니까? 참으로, 영이 없는 몸이 죽은 것과 같이, 행함이
없는 믿음도 죽은 것입니다." (사람이 자기의 행함으로 구원을 획득할
수는 없다. 그러나 진정한 믿음을 가진 사람은 누구나 믿음에 따르는
행함―하느님과 그리스도의 명령에 순종하는 행함 즉 자기의 믿음과
사랑을 증명하는 행함을 나타내고자 할 것이다. 그러한 행함이 없다면,
그 사람의 믿음은 죽은 것이다.)

## 구원파(박옥수), 『죄사함 거듭남의 비밀1』 p39

사랑하는 여러분. 여러분은 교회를 얼마나 많이 다녔는지 모르지만 정확하게 죄 씻는 방법을 알고 계십니까? 어떻게 하면 여러분의 죄가 눈처럼 희게 씻어지는지 그 방법을 알고 계십니까? 그냥 '예수님을 믿으면 죄가 씻어지겠지.' 가 아닙니다. 확실하게 죄가 씻어져야 합니다.

'기쁜 날, 기쁜 날, 주 나의 죄 다 씻은 날'

이렇게 죄를 사함받는 날이 여러분에게 꼭 필요합니다. 여러분, 그 날이 없으면 하나님과 여러분 사이에 늘 어두운 죄의 그림자가 막혀 있어서 성령의 능력이 여러분 속에 임할 수가 없습니다. 하나님의 성령이 없으니까 여러분이 신앙생활을 잘 해 보려고 애쓰는 것입니다.

## 구원파(박옥수), 『죄사함 거듭남의 비밀1』, p149

예수님이 우리 죄를 위해 십자가에 못 박혀 죽으실 때 좀 남겨 놓고 죽으신 것이 아닙니다. 완벽하게 모든 죄를 해결하고 십자가에 못 박혀 죽으셨습니다. 여러분, 예수라는 말은 '여호와의 구원'이라는 뜻입니다. 나를 죄에서 구원한 그 사실을 믿는 것이 예수 믿는 것입니다. 나의 모든 죄를 사하신 것을 믿는 것이 바로 예수 믿는 것입니다. 내 죄가 눈처럼 씻어진 것을 믿는 것이 예수 믿는 것입니다. 예수님이 십자가에 못 박혀 죽으셨지만, 내 죄가 남아 있다면 십자가에 죽으나마나입니다. 고속버스 차표를 사서 버스 못 타면, 차표 사나마나인 것과 마찬가지입니다.

## 구원파(박옥수), 『죄사함 거듭남의 비밀2』, p50

그리고 어떤 분들은 죄를 종이에 전부 적어서 불에 태우면 죄가 씻어진다고 생각하고, 또 그렇게 가르치는 목사님들도 있습니다. 또, 회개만 하면 죄가 씻어진다고 생각하는 분들도 많지요.

'면죄부를 사면 죄가 씻어진다' '신부님께 고해성사 하면 죄가 씻어진다' '갠지즈 강에 목욕하면 죄가 씻어진다' '죄를 종이에 써서 불에 태우면 죄가 씻어진다' '회개하면 죄가 씻어진다'… 등등. 우습지만, 사람들은 저마다 자기들의 방법이 옳다고 믿고 있습니다.

여러분, 아무리 유명한 부흥목사의 이야기라 해도 성경에 없는 것은 하나님의 길이 아닙니다. 회개하면 죄가 씻어진다는 말이 성경 어디에 있습니까? 회개해서 죄를 씻는 것도 성경적인 방법이 아닙니다.

## ▶ 구원과 관련된 성경본문

▶ **행 16:30,31절**    저희를 데리고 나가 가로되 선생들아 내가 **어떻게 하여야 구원을 얻으리이까** 하거늘 / 31)
가로되 **주 예수를 믿으라** 그리하면 **너와 네 집이 구원을 얻으리라** 하고

▶ **요 1:12,13절**    영접하는 자 곧 **그 이름을 믿는 자들에게는** 하나님의 자녀가 되는 권세를 주셨으니 / 13) 이는 혈
통으로나 육정으로나 사람의 뜻으로 나지 아니하고 오직 하나님께로서 난 자들이니라

▶ **요 3:16절**    하나님이 세상을 이처럼 사랑하사 독생자를 주셨으니 **이는 저를 믿는 자마다** 멸망치 않고 **영
생을 얻게** 하려 하심이라

▶ **갈 2:16절**    사람이 **의롭게 되는** 것은 율법의 행위에서 난 것이 아니요 **오직 예수 그리스도를 믿음으로** 말
미암는 줄 아는 고로 우리도 그리스도 예수를 믿나니 이는 우리가 율법의 행위에서 아니고 그
리스도를 **믿음으로서** 의롭다 함을 얻으려 함이라 율법의 행위로서는 의롭다 함을 얻을 육체
가 없느니라.

▶ **행 4:12절**    다른 이로서는 구원을 얻을 수 없나니 천하 인간에 구원을 얻을 만한 **다른 이름을** 우리에게 주
신 일이 **없음이니라** 하였더라

▶ **요 5:24절**    내가 진실로 진실로 너희에게 이르노니 **내 말을** 듣고 또 나 보내신 이를 **믿는 자는** 영생을 얻
었고 심판에 이르지 아니하나니 사망에서 생명으로 옮겼느니라

▶ **요일 5:11-13절**    또 증거는 이것이니 하나님이 우리에게 영생을 주신 것과 이 생명이 그의 아들 안에 있는 그것
이니라 / 12) **아들이 있는 자에게는 생명이 있고** 하나님의 아들이 없는 자에게는 생명이 없느
니라 / 13) 내가 **하나님의 아들의 이름을 믿는** 너희에게 이것을 쓴 것은 너희로 하여금 너희에게
**영생이 있음을** 알게 하려 함이라

▶ **엡 2:8절**    너희가 그 은혜를 인하여 **믿음으로 말미암아 구원을** 얻었나니 이것이 너희에게서 난 것이
아니요 **하나님의 선물이라** / 9) 행위에서 난 것이 아니니 이는 누구든지 자랑치 못하게 함
이 니라

## ▶ 정통교회의 구원론 해석(반증)

　　"인간이 어떻게 구원을 받을 수 있는 가?"의 질문은 모든 인류, 모든 종교인들의 궁극적인 질문이다. 세상의 많은 사람들, 많은 종교들은 각각 자신들 만의 구원의 방법(구원론)을 가지고 있다. 그러나 성경은 "인간이 어떻게 구원을 얻을 수 있는가?(How to save)"에 있어 분명하고 확실한 답(答)을 가지고 있다. 요한복음 20:31절, "오직 이것을 기록함은 너희로 예수께서 하나님의 아들 그리스도이심을 믿게 하려 함이요, 또 너희로 믿고 그 이름을 힘입어 생명(生命)을 얻게 하려 함이니라", 요한복음 3:16절, "독생자를 주셨으니 이는 저를 믿는 자마다 멸망치 않고 영생(永生)을 얻게 하려 하심이니라" 성경을 기록하신 목적과 예수님께서 이 땅에 오신 이유가 바로 "타락한 인류의 구원문제"에 있음을 밝히고 있는 것이다.

　　성경은 구원에 관하여 분명히 기록하고 있다. 빌립보 간수의 질문 "선생들아 내가 어떻게 하여야 구원을 얻으리이까 하거늘" (행16:30), 이것은 정확히 "구원의 방법"을 묻는 질문(質問)이다. 이 질문에 대하여 바울은 지체없이 답(答)을 하고 있다. "가로되 주 예수를 믿으라 그리하면 너와 네 집이 구원을 얻으리라" (행6:31절), 이 보다 더 정확한 구원론에 관한 질문(質問)과 답(答)을 하는 성경 본문이 또 어디에 있는가? 이 본문 뿐만이 아닌 또 다른 성경본문들에서도 구원론에 관하여 기록하고 있다. 그것은 모두 동일(同一)하게 "예수 그리스도를 믿음으로 말미암아 구원을 받는다"는 사실이다. 특별히, 로마서와 갈라디아서에는 "율법의 행위" 와 "믿음"과의 관계를 다룰 때에도, "오직 예수 그리스도를 믿음으로 말미암은 구원 얻음"을 분명히 밝히고 있다(갈2:16).

　　만일 성경에 "예수 믿음 외에" 다른 구원의 길이 있었다면. "내가 어떻게 하여야 구원을 얻으리이까?"(행16:30) 라는 빌립보 간수의 질문에 다른 구원의 길을 말해 주었을 것이다. 그러나 사도 바울은 그 질문(質問)에 "주 예수를 믿으라 그리하면 너와 네 집이 구원을 얻으리라"고 선포 함으로서, 성경의 구원의  방법은 "오직 예수 그리스도를 믿음" 즉 "이신칭의"(以信稱義) 외에는 없다는 것을 명확히 밝히고 있다. 이것이 성경 전체에서 가르치는 구원의 길이며, 유일한 구원의 방법이다 (요3:16; 요1:12,13; 갈2:16 ; 행4:12 ; 요일5:11~13 ; 엡2:8 ). 그러므로 정통교회는 성경의 가르침에 따라 "오직 하나님의 아들 예수 그리스도를  믿음으로 말미암는 구원"을 주장한다. 왜냐하면 이 길 외에는 다른 구원의 길이 성경에 없기 때문이다.

▶ 학습 후 질문

1. 성경에서 말하는 유일한 구원의 방법(구원론)은 무엇인가? (행16: 30,31)


2. 성경의 기록 목적이 무엇인가? (요20:30,31 ; 딤후3:15)


3. 성경에서 "율법의 행위"와 관련하여 구원의 문제를 어떻게 논하고 있는가? (갈2:16)


4. 성경에 구원(영생)과 직접적으로 관련된 본문들은 무엇인가?  (ex, 요1:12,13  요 3:16, 엡 2:8-9)


5. 각 이단들은 구원 받으려면 어떻게 해야 한다고 주장하는 가?

# 이단교주들이 주장하는 공통교리 (1)

| | 사진 | 교주이름 | 직통계시 (신비적환상) | 음란원죄론 (피가름) | 이중아담론 | 시대별 구원자 | 삼시대론 | 비유풀이 |
|---|---|---|---|---|---|---|---|---|
| 1 | | 김성도 (새주파) | ● | ● | | | | ● |
| 2 | | 백남주 (예수교회) | ● | ● | | | ● | ● |
| 3 | | 김백문 (이스라엘 수도원) | ● | ● | | | ● | ● |
| 4 | | 문선명 (통일교) | ● | ● | | | ● | ● |
| 5 | | 박태선 (전도관,천부교) | ● | | | | | ● |
| 6 | | 정명석 (애천교회) | ● | ● | ● | ● | ● | ● |
| 7 | | 유재열 (장막성전) | ● | | | | | ● |
| 8 | | 구인회 (천국복음전도회) | ● | | ● | | | ● |
| 9 | | 안상홍 (하나님의 교회) | | | | | ● | ● |
| 10 | | 이만희 (신천지) | ● | | ● | ● | ● | ● |
| 11 | | 박옥수 (구원파) | | | | | | |

다른 복음(저주), 다른 예수, 다른 영 (갈1:6-9 / 고후11:3-4)

# 이단교주를 주장하는 공통교리 (2)

| | 사진 | 교주이름 | 동방교리 | 세례요한 (배도자) | 영부활,영승천, 영재림 | 144.000 | 지상낙원 | 다른구원론 |
|---|---|---|---|---|---|---|---|---|
| 1 | | 김성도 (새주파) | | | | | | ● |
| 2 | | 백남주 (예수교회) | | | | | | ● |
| 3 | | 김백문 (이스라엘 수도원) | | | | | | ● |
| 4 | | 문선명 (통일교) | ● | ● | | | ● | ● |
| 5 | | 박태선 (전도관,천부교) | ● | | | | ● | ● |
| 6 | | 정명석 (애천교회) | ● | | | | ● | ● |
| 7 | | 유재열 (장막성전) | | | | ● | ● | ● |
| 8 | | 구인회 (천국복음전도회) | ● | ● | ● | ● | | ● |
| 9 | | 안상홍 (하나님의 교회) | ● | | | ● | | ● |
| 10 | | 이만희 (신천지) | ● | ● | ● | ● | ● | ● |
| 11 | | 박옥수 (구원파) | 구원파는 다른 이단들과 같은 교리를 주장하지는 않는다. 그러나 "죄사함, 거듭남"의 방법, 즉 "구원론"에서, 아주 교묘한 "다른 구원론"을 주장한다. -추후 논의- | | | | | ● |

다른 복음(저주), 다른 예수, 다른 영 (갈1:6-9 / 고후11:3-4)

# 제8과 성령훼방죄란

거듭난 성도들의 죄(윤리 도덕적인, 마음과 생각등)가 아니다.

예수 그리스도와 복음을 대적하여 다른 복음, 다른 예수, 다른 구원

의 길을 전하는 자들의 죄이다. 지금 이단들이 짓고 있는 죄이다.

# 1. 성령훼방죄란 (이단들의 죄)

성경에 굉장히 무섭고 두려운 죄가 기록되어 있다. 이것은 주님께서 친히 말씀하신 죄로서 "성령을 훼방하는 죄"(마12:31), "성령을 거역하는 죄"(마12:32)이다. 이 죄를 짓는 사람은 용서 받지 못한다. 이 세상과 오는 세상에도 사하심이 없다. 이 죄의 심각성은 "이 세상과 오는 세상에서 용서받을 수 없고 결국 지옥에 던져 진다"는 것에 있다(마12:32 ). 그렇다면 이 "성령훼방죄", "성령을 거역하는 죄" 란 어떤 죄이며, 누가 짓는 죄를 말하는 것인가?

대부분의 많은 성도들이 이 "성령훼방죄"를 오해하고 있다. 예수 그리스도를 영접하고 거듭난 이후 성도들의 삶속에서 알게 모르게 어떤 죄를 범하게 되었을때(윤리 도적적, 불순종, 생각, 마음 등), 그것이 혹시 "성령훼방죄가 아닌가? "오해 하는 것이다. 그것을 "성령 훼방죄"라고 오해하는 성도들은 스스로 심한 죄책감과 두려움에 빠져 절망하게 되고, 신앙생활에 자포자기(自暴自棄) 하며 극심하게 방황하는 경우가 많다. 그러나 분명한 것은 주님께서 말씀하신 "성령훼방죄", "성령을 거역하는 죄"란 거듭난 성도들이 짓는 죄가 아니라는 것이다. 이것은 예수 그리스도를 부인(否認)하고 다른 복음을 증거하는 "거짓그리스도", "거짓 선지자들", "거짓 교사들"에 대하여 말씀하신 것으로서, 오늘날 이단 교리를 가르치는 자들의 죄(罪)이며, 그들의 죄는 용서받을 수 없음을 경고하신 것이다.

### ▶ 성령훼방죄 관련구절

▶ **마 12:31,32절** 그러므로 내가 너희에게 이르노니 사람의 모든 죄와 훼방은 사하심을 얻되 **성령을 훼방하는 것은 사하심을 얻지 못하겠고**/ 32) 또 누구든지 말로 인자를 거역하면 사하심을 얻되 누구든지 말로 성령을 거역하면 이 세상과 오는 세상에도 사하심을 얻지 못하리라

▶ **막 3:28-30절** 내가 진실로 너희에게 이르노니 사람의 모든 죄와 무릇 훼방하는 훼방은 사하심을 얻되 / 29) 누구든지 **성령을 훼방하는 자는 사하심을 영원히 얻지 못하고 영원한 죄에 처하느니라** 하시니 / 30)이는 저희가 말하기를 더러운 귀신이 들렸다 함이러라

▶ **눅 12 : 10절** 누구든지 말로 인자를 거역하면 사하심을 받으려니와 **성령을 거역하는 자는 사하심을 받지 못하**리라

▶ **유 1:10-13절** 이 사람들은 무엇이든지 그 **알지 못하는 것을 훼방하는 도다** 또 저희는 이성 없는 짐승 같이 본능으로 아는 그것으로 멸망하느니라 / .... / 13) 자기의 수치의 거품을 뿜는 바다의 거친 물결이요 **영원히 예비된 캄캄한 흑암에 돌아갈 유리하는 별들**이라

## ▶ 성령께서 오셔서 하시는 일

"성령 훼방죄"(마12:31)의 "훼방" ( βλασφημία. 블라스페미아, 988)은 신성 모독적인 언사, 중상, 비방을 의미하며 "말로 성령을 거역"하다의 λόγος  κατα( 로고스 카타)는 말로 성령님을 대항하는 것을 의미한다. 그렇다면 성령을 훼방하고 대항한다는 것은 구체적으로 무엇을 의미하는 것인가? 그것은 성령의 사역(使役)과 관계된다. 즉 성령께서 하시는 일을 비방하고 모독하며, 말로서 대항한다는 의미이다. 즉 성령의 사역(使役)을 방해하는 것이다. 그러면 성령께서 하시는 일은 무엇인가?

▶ **눅 4:18절,** 주의 성령이 내게 임하셨으니 이는 가난한 자에게 복음을 전하게 하시려고 내게 기름을 부으시고 나를 보내사 포로된 자에게 자유를, 눈먼 자에게 다시 보게 함을 전파하며 눌린 자를 자유케 하고 / 19) 주의 은혜의 해를 전파하게 하려 하심이라 하였더라

▶ **요 14:26절,** 보혜사 곧 아버지께서 내 이름으로 보내실 성령 그가 너희에게 **모든 것을 가르치고** 내가 너희에게 말한 모든 것을 **생각나게** 하시리라

▶ **요 15:26절,** 내가 아버지께로서 너희에게 보낼 보혜사 곧 아버지께로서 나오시는 진리의 성령이 오실 때에 그가 **나를 증거하실 것이요**

▶ **요 16:13-14절,** 그러나 진리의 성령이 오시며 그가 너희를 **모든 진리 가운데로 인도하시리니** 그가 자의로 말하지 않고 오직 듣는 것을 말하시며 장래 일을 너희에게 알리시리라 / 14) **그가 내 영광을 나타내리니** 내 것을 가지고 너희에게 알리겠음이니라

▶ **행 8:29-35절,** 성령이 빌립더러 **이르시되** 이 병거로 가까이 나아가라 하시거늘 / 30) 빌립이 달려가서 선지자 이사야의 글 읽는 것을 듣고 말하되 읽는 것을 깨닫느뇨..../ 34) 내시가 빌립더러 말하되 청컨대 묻노니 선지자가 이 말 한 것이 누구를 가리킴이뇨 자기를 가리킴이뇨 타인을 가리킴이뇨 / 35) 빌립이 입을 열어 이 글에서 시작하여 **예수를 가르쳐 복음을 전하니**

성령께서 오셔서 하시는 일은 복음(福音)을 전하시며, 진리(眞理)를 가르치시며, 생각나게 하신다. 주님의 영광을 나타내시며, 예수 그리스도를 증거하시고, 모든 진리 가운데로 인도하신다. 즉, 복음 증거를 통하여 영혼들을 사망에서 생명으로 구원하시는 일을 하신다. 그런데 이와 같이 성령의 사역(使役)을 방해하고 비방하는 자들은 누구인가? 성령의 하시는 일을 말로서 대적하며 방해하는 무리들은 누구인가?

이들이 짓는 죄는 어떤 종류의 죄인가?  이들은 결코 성도들이 아니다. 이들은 불신자들 가운데서 예수 그리스도와 복음을 부정하고,  "다른 복음", "다른 예수", "다른 구원의 길"을 증거하는 자들이다. 예수님 당시에는 바리새인들, 서기관들이었다면, 오늘날에는 헛된 교리로 예수 그리스도와 복음(福音)을 부정하고 수 많은 영혼들을 사냥하고 있는 자들이 여기에 속한다. 이런 자들의 죄에 대하여 성경은 "성령을 훼방 하는죄"(마12:31), "성령을 거역 하는 죄"(마12:32) 라고 선포하고 있다.

### ▶ 성령 훼방죄와 동일한 죄 = 배도죄

성경에 성령훼방죄와 그 의미가 동일한 죄가 기록되어있다. 바로 "배도하는 죄"이다. 이 죄 역시 "영원히 용서받지 못한다"라는 면에서 성령훼방죄와 동일하다. 배도죄란? 예수 그리스도와 복음을 버리고 다른 구원자, 다른 복음을 찾아가는 자들의 죄이다. 히브리서 6장4-6절의 " ..성령에 참예한바 되고 타락한 자.." ,10장26-29절의 " ..짐짓 죄를 범한즉... 은혜의 성령을 욕되게 하는 자의 죄", 또한 요한일서 5장16-18절의 "사망에 이르는 죄" 이다. 이 죄들의 공통점은 첫째, 영원히 용서받지 못한다는 것과 둘째, 거듭난 성도들의 윤리 도덕적인 죄가 아닌, 구원자이신 예수 그리스도를 부인하고, 복음을 배반(背叛)하고 비방(誹謗)하는 자들의 죄(罪)라는 것이다.

▶ **히6: 4-6절,** 한번 비췸을 얻고 하늘의 은사를 맛보고 **성령에 참예한 바** 되고 / 5) 하나님의 선한 말씀과 내세의 능력을 맛보고 / 6) **타락한 자들은** 다시 새롭게 하여 **회개케 할 수 없나니** 이는 자기가 하나님의 아들을 다시 십자가에 못 박아 현저히 욕을 보임이라

▶ **히 10:26-29절,** 우리가 진리를 아는 지식을 받은 후 짐짓 죄를 **범한즉** 다시 속죄하는 제사가 없고 / 27) 오직 무서운 마음으로 **심판을 기다리는** 것과 대적하는 자를 소멸할 맹렬한 불만 있으리라 / 28) 모세의 법을 폐한 자도 두세 증인을 인하여 불쌍히 여김을 받지 못하고 죽었거든 / 29) 하물며 **하나님 아들을 밟고 자기를 거룩하게 한 언약의 피를 부정한 것으로 여기고 은혜의 성령을 욕되게 하는 자의 당연히 받을 형벌이 얼마나 더 중하겠느냐 너희는 생각하라**

▶ **요일 5:16-18절,** 누구든지 형제가 사망에 이르지 아니한 죄 범하는 것을 보거든 구하라 그러면 사망에 이르지 아니하는 범죄자들을 위하여 저에게 생명을 주시리라 **사망에 이르는 죄가 있으니** 이에 대하여 나는 구하라 하지 않노라 / 17) 모든 불의가 죄로되 사망에 이르지 아니하는 죄도 있도다 / 18) 하나님께로서 난 자마다 범죄치 아니하는 줄을 우리가 아노라 하나님께로서 나신 자가 저를 지키시매 악한 자가 저를 만지지도 못하느니라

## ▶ 성령 훼방죄의 만연된 오해

● 성도들이 죄인 줄 알면서도 죄를 짓는다. 그것이 성령훼방죄이다.( X )

● 성도들이 윤리 도덕적인 죄를 저 질렀다.( 거짓말, 도둑,살인, 간음 기타) 성령훼방죄다. ( X )

● 성령께서 내 마음에 어떤 감동을 주셨는데, 그것을 의식적으로 불순종하였다.이것이
  성령훼방죄이다. ( X )

● 목사님 말씀에 순종하지 못하고 불순종하였다. 이것이 성령훼방죄이다. ( X )

● 신앙양심에 굉장히 거리끼는 습관죄가 있다(술,담배,게임, 자위 행위 등). 계속적으로 범하게
  되므로 이것이 성령훼방죄이다. ( X )

● 순간 순간 원하지 않지만 악한 생각, 음란한 생각, 나쁜 생각들에 붙들릴 때가 있다.
  성령훼방죄이다. ( X )

● 과거에 예수님을 잘 모를때 성경책을 찢어버린 경험이 있다. 성령훼방죄이다. ( X )

● 어느 순간 예수님을 욕하고 비방한 경험이 있다(마음, 생각으로). 성령훼방죄이다. ( X )

● 기타 / 거듭난 성도들이 삶 속에서 알게 모르게 짓게 되는 죄들 ( X )

## ▶ 결론, 성령 훼방죄란 무엇인가?

위에서 언급한 항목들은 "영원히 용서받지 못한다"고 하는 마태복음12장 31,32절의 "성령 훼방죄", "성령을 거역하는 죄"가 아니다. 위에서 언급하고 있는 죄들은 거듭난 성도들이 육신이 연약하여 삶속에서 의식적, 무의식적으로 짓게 되는 "만일의 죄"이다(요일2:1). 사도 바울도 육신의 연약함으로 자주 범죄하게 되는 자신을 바라보며 "오호라 나는 곤고한 사람이로다"라고 탄식하고 있다(롬7:15-24). 이러한 죄는 넉넉히 사하심을 얻는 죄이다(마12:31). 모두 용서 받을 수 있는 죄이다. 결론적으로 성령 훼방죄란 거듭난 성도들의 죄가 아니다. 거듭난 성도들은 성령 훼방죄를 죄를 지을 수 없다. 그들은 이미 하나님의 자녀가 되었기 때문이다. 앞에서도 살펴보았지만, 성령 훼방죄란 거듭나지 못한 자들이 성령의 하시는 일, 즉 성령의 사역(使役)인 복음 증거를 의도적으로 심각하게 방해하는 자들의 죄이다. 구원자이신 예수 그리스도를 부인(否認)하고 복음을 변질시켜서, "다른 복음", "다른 예수", "다른 구원의 길"을 가르침으로 수 많은 영혼들을 지옥으로 끌고 가는 자들의 죄이다(마23:13). 오늘날의 이단들의 죄가 여기에 속하는 죄이다.

▶ 학습 후 질문

1. "영원히 용서받지 못한다"는 "성령훼방죄"란 어떤 죄 인가? (마12: 31,32 ; 막3:28-30; 눅12:10 )

2. 성령훼방죄란 성도들의 죄인가?  불신자들의 죄인가? ( 마12:23-32)

3. 히 6:4-6; 10:26-29절에서 논하고 있는 "배도의 죄"는 어떤 죄인가?

4. 요일 5:16-18절의 "사망에 이르는 죄"는 어떤 죄인가?

5. "성령훼방죄", "배도의 죄", "사망에 이르는 죄"의 공통점은 무엇인가?

6. 성도들이 삶속에서 짓게 되는 죄는 용서받을 수 없는 죄인가? (롬7:15-8:2 ; 요일2:1)

7. 이단들이 죄를 용서받지 못하는 이유가 무엇인가?

# 제9과  유일한 예배의 대상, 창조주 하나님

( 온 우주 만물위에 하나님 한 분 외에 예배의 대상이 없다 )

# 1. 피조물이 예배의 대상이 될 수 있는가?

## 1〉 창조주와 피조물과의 관계

태초에 하나님께서 천지를 창조하셨다(창1:1). 태초 רֵאשִׁית (레쉬트, 7225)라 함은 시간적 의미의 "시초", "최초","시작"을 의미한다. 만물의 역사의 시작은 하나님께서 천지를 창조하심 부터 출발한다. 천지를 창조하신 창조주(創造主)는 하나님이시오, 인간을 비롯한 만물은 하나님께로 부터 창조된 "피조물"이다. 모든 피조물은 창조주에 의한 것이며, 창조주를 위한 것이다(사44:23). 피조물은 스스로 경배의 대상이 될 수 없다. 이는 피조물 위에 그를 지으신 주인(主人), 창조주(創造主)가 계시기 때문이다. 인간을 비롯한 온 우주만물도 예배의 대상이 될 수 없다. 영계의 하늘의 천사들도 예배의 대상이 아니다. 그들도 역시 피조물이다. 오직 예배의 대상은 "태초에 천지를 창조하신" 창조주(創造主) 하나님 한 분 뿐이시다.

### 성경본문

▶ 창 1: 1절,  태초에 **하나님이 천지를 창조하시니라**

▶ 창 1:26,27 **하나님이 가라사대** 우리의 형상을 따라 우리의 모양대로 **우리가 사람을 만들고** 그로 바다의 고기와 공중의 새와 육축과 온 땅과 땅에 기는 모든 것을 다스리게 하자 하시고 / **27) 하나님이** 자기 형상 곧 하나님의 형상대로 **사람을 창조하시되** 남자와 여자를 창조하시고

▶ 창 1:31절,  하나님이 그 **지으신 모든 것을 보시니** 보시기에 심히 좋았더라 저녁이 되며 아침이 되니 이는 여섯 째 날이니라

▶ 욥 38:4절  내가 **땅의 기초를 놓을 때에** 네가 어디 있었느냐 네가 깨달아 알았거든 말할지니라

▶ 사 44:23절, 여호와께서 이 일을 행하셨으니 **하늘아 노래할지어다** 땅의 깊은 곳들아 높이 부를지어다 **산들아 삼림과 그 가운데 모든 나무들아 소리내어 노래할지어다** 여호와께서 야곱을 구속하셨으니 이스라엘로 자기를 영화롭게 하실 것임이로다

▶ 롬 11:36절,  이는 **만물이 주에게서** 나오고 **주로 말미암고** 주에게로 **돌아감이라** 영광이 그에게 세세에 있으리로다 아멘

## 2) 어떤 피조물(하늘과 땅과 바다의)도 예배의 대상이 될 수 없다.

하나님께서는 세상에 그 어떤 피조물도 예배의 대상으로 삼지 말라고 경고 하신다. 하나님께서는 창조주로서 받으실 영광을 그 어떤 피조물과 공유하지 않으신다. 토기장이는 토기장이가 받아야할 존귀과 영광을 흙덩어리와 공유하지 않는다. 그것이 하늘 있는 것이든, 땅에 있는 것이든, 땅 아래 물 속에 있는 것이든 그 어떤 피조물에게도 절(예배, 경배)하지 말라고 경고 하신 이유이다. 그러므로 하늘의 해와 달과 별들과, 땅의 온 갖 것들(사람, 바위, 나무, 바다, 짐승, 곤충, 잡신 등), 또한 바다의 그 어떤 것들도 경배의 대상이 될 수 없다.(겔8:3-18). 이 모든 것들은 창조주 하나님께서 인간을 위하여 지으신 피조물들이기 때문이다.

### 성경본문

▶ 출 20:3절  너는 나 외에는 다른 신들을 네게 있게 말지니라

▶ 출 20:4절  너를 위하여 새긴 우상을 만들지 말고 또 위로 하늘에 있는 것이나 아래로 땅에 있는 것이나 땅 아래 물 속에 있는 것의 아무 형상이든지 만들지 말며

▶ 출 20:5절  그것들에게 절하지 말며 그것들을 섬기지 말라 나 여호와 너의 하나님은 질투하는 하나님인즉 나를 미워하는 자의 죄를 갚되 아비로부터 아들에게로 삼 사대까지 이르게 하거니와

## 3) 하늘의 천사들도 예배의 대상이 아니다.

이 세상 것들 뿐만아니라, 하늘 영계의 천사들도 예배의 대상이 아니다. 천사들은 하나님께서 부리는 종들로서 구원받을 영혼을 섬기라고 보낸자들이다(히1:14). 요한이 밧모섬에서 천사를 통하여 모든 계시를 보고 들었을 때에 그 감격에 못이겨 천사에게 경배하려고 옆드렸다. 그 때에 천사는 요한을 만류하며 다음과 같이 말하였다. "나는 너와 네 형제 선지자들과...함께 된 종이니... 오직 하나님께 경배하라", 이와같이 천사들은 하나님의 종들이며, 경배의 대상이 아니다. 우리의 경배의 대상은 오직 하나님 한 분 뿐이시다.

### 성경본문

▶ 계 22:8절  이것들을 보고 들은 자는 나 요한이니 내가 듣고 볼 때에 이 일을 내게 보이던 천사의 발 앞에 경배하려고 엎드렸더니 / 저가 내게 말하기를 나는 너와 네 형제 선지자들과 또 이 책의 말을 지키는 자들과 함께 된 종이니 그리지 말고 오직 하나님께 경배하라 하더라.

# 2. 사람이 예배의 대상이 될 수 있는가?

사람 외에 어떤 피조물도 자기 스스로 신(神)이 되려고 하지 않는다. 그저 묵묵히 피조물의 자리에서 자신의 임무를 수행할 뿐이다. 그러나 사람은 다른 피조물들과는 다르다. 하늘과 땅, 바다 가운데 있는 피조물들에게 신성을 부여하고 거기에 경배하기도 하고, 스스로 신이 되어 다른 피조물들로 부터 경배를 받으려고도 한다. 사단에 미혹된 타락한 인간은 하나님 외에 다른 신을 만들려고 하거나, 자기 스스로 "하나님 처럼" 되고자 하는 욕망을 멈추지 않았다. 인류 역사상 수 많은 사람들이 스스로 신이 되고자 하였다. 그러나 과연 사람이 신(神)이 되어 예배의 대상이 될 수 있는가?

## 1〉 사람은 흙으로 만들어진 피조물이다.

사람은 스스로 존재한 자가 아니다. 하나님께서 만드신 자이다. 하나님께서 흙으로 지으시고 생기를 넣어 주심으로 비로서 살게 된 존재이다(창2:7). 토기장이가 보잘 것 없는 흙으로 골동품을 만들 듯, 비록 그 재료는 흙이지만 골동품으로 만들어진 존재이다. 사람은 하나님의 "모양"과 "형상"대로 창조함을 받은 만물 위에 뛰어난 존재이다. 땅에 충만하여 땅을 정복하며, 다스리는 존재이다. 하나님께서 창조하신 모든 피조물 가운데 가장 뛰어난 존재이다. 그러나 하나님께로 부터 한 줌의 흙으로 지어진 존재이다.

▶ **창 1:26,27절**  하나님이 가라사대 우리의 형상을 따라 우리의 모양대로 **우리가 사람을 만들고** 그로 바다의 고기와 공중의 새와 육축과 온 땅과 땅에 기는 모든 것을 다스리게 하자 하시고 / 27) **하나님** 이 자기 형상 곧 하나님의 형상대로 **사람을 창조하시되** 남자와 여자를 창조하시고

▶ **창 2:7절**      여호와 하나님이 **흙으로 사람을 지으시고** 생기를 그 코에 불어 넣으시니 **사람이 생령이** 된지라

## 2〉 사람은 흙으로 돌아가는 존재 (죄의 결과 죽음)

사람은 사단의 미혹을 받아 자신이 피조물임을 망각하고 스스로 하나님처럼 되고자 하였다(창3:5). 선악과를 주신 것은 피조물과 창조주와의 관계를 분명히 알게 하시고자 한 것이었다. 사람은 만물위의 가장 뛰어난 존재로 창조받았으나, 그를 창조하신 하나님앞에 예배하며, 경배하며 그분의 말씀에 순종하며 살아가야하는 존재였다(창2:16,17). 사단의 시험으로 아담과 하와가 죄를 범하였을때 그들은 죽는 존재가 되었다. 영원히 살 수 있었던 아담과 하와는 죄로 인하여 죽음에 이르는 흙으로 돌아가는 자가 되었다.

▶ **창 2:16,17절** 여호와 하나님이 그 사람에게 명하여 가라사대 동산 각종 나무의 실과는 네가 임의로 먹되
/ 17) **선악을 알게 하는 나무의 실과는 먹지 말라 네가 먹는 날에는 정녕 죽으리라** 하시니라

▶ **창 3:5,6절** 너희가 그것을 먹는 날에는 너희 눈이 밝아 **하나님과 같이 되어 선악을 알 줄을** 하나님이 아심
이니라 / 6) 여자가 그 나무를 본즉 먹음직도 하고 보암직도 하고 지혜롭게 할 만큼 탐스럽기도
한 나무인지라 **여자가 그 실과를 따먹고 자기와 함께한 남편에게도 주매 그도 먹은지라**

▶ **창 3:19절** 네가 얼굴에 땀이 흘려야 식물을 먹고 필경은 흙으로 돌아 가리니 그 속에서 네가 취함을 입었
음이라 **너는 흙이니 흙으로 돌아갈 것이니라** 하시니라

## 사람의 속성(죽음) vs 하나님의 속성(영생)

죽음이란? 피조물에 대한 형벌이다. 피조물인 사람의 죄(罪)로 인한 형벌로서, 자신의 근원인 흙으로 돌아가는 것을 의미한다. 죽음은 죄의 결과이다(롬6:23). 피조물이 하나님께 죄를 지었기에 하나님께로 부터 온 죄의 형벌이다. 모든 인류가 죽는다. 이는 첫 사람 아담의 범죄가 그 후손들에게 영향력을 미치기 때문이다. 즉 죽음이란? 죄의 결과 피조물에게 가해진 형벌로서 그 근원(根源)인 흙으로 돌아가는 것이다.

▶ **롬 6:23절,** **죄의 삯은 사망이요** 하나님의 은사는 그리스도 예수 우리 주 안에 있는 영생이니라

죽음은 인간의 속성(屬性)이며, 하나님의 속성(屬性)이 아니다, 하나님은 죽음이 없으시다. 예수님은 십자가에 죽으신 후 사흘만에 죽음에서 일어나셨다. 주님이 죽으신 이유는 인류의 죄를 속죄하시기 위하여, "죄의 삯은 사망"임으로, 친히 죽음을 맛보셨을 뿐이다(히2:9). 하나님은 스스로 계신 분이며, 알파와 오메가 되시며, 이제도 계시고 전에도 계신 분이시다. 그는 영원부터 영원까지 계시는 분이시며, 영원한 생명이 되시는 분이시다. 즉 죽음은 하나님의 속성이 아니며, 하나님의 속성은 영원함이다. 주님은 죽음에서 부활하셨다.

▶ **계 1:8절** 주 하나님이 가라사대 나는 **알파와 오메가라 이제도 있고 전에도 있었고** 장차 올 자요 전능한 자라 하시더라

▶ **요일 1:2절** 이 생명이 나타내신 바 된지라 **이 영원한 생명을 우리가 보았고** 증거하여 너희에게 전하노니 이는
아버지와 함께 계시다가 우리에게 나타내신 바 된 자니라

▶ **고전 15:3,4절** 내가 받은 것을 먼저 너희에게 전하였노니 이는 **성경대로 그리스도께서 우리 죄를 위하여**
죽으시고 / 4) 장사 지낸 바 되었다가 **성경대로 사흘 만에 다시 살아나사**

## 3〉 사람은 예배의 대상이 아닌  구원자(예배자)가 필요한 존재.

사람은 흙으로 만들어진 피조물이며, 흙으로 돌아가는 존재이다. 이는 자신이 예배의 대상이 될 수 없는 존재임을 의미한다. 사람은 사망에서 건져주실 구원자(救援者)가 필요한 존재이며, 영원한 생명을 주실 절대자가 필요한 존재이다. 성경은 이 구원자를 소개하고 있다. 여자의 후손으로 오실 하나님의 아들 예수그리스도이시다. 타락한 인류를 죄가운데서 구원하여 영원한 생명을 주실 분은 예수 그리스도 한 분 뿐이시다. 예수 그리스도를 통하여 만유가 회복된다. 그러므로 예수 그리스도께서 사람들의 예배의 유일한 대상이 되신다. 사람들 뿐 만이 아닌 모든 피조물들에게 경배와 찬양을 받으신다. 인간은 예배의 대상이 될 수 없다. 오히려 구원자, 진정한 예배의 대상이 필요한 존재이다.

▶ **창 3:15절**  내가 너로 여자와 원수가 되게 하고 너의 후손도 여자의 후손과 원수가 되게 하리니 여자의 후손은 네 머리를 상하게 할 것이요 너는 그의 발꿈치를 상하게 할 것이니라 하시고

▶ **요 19:30절**  예수께서 신 포도주를 받으신 후 가라사대 다 이루었다 하시고 머리를 숙이시고 영혼이 돌아가시니라

▶ **갈 3:13절**  그리스도께서 우리를 위하여 저주를 받은 바 되사 율법의 저주에서 우리를 속량하셨으니 기록된 바 나무에 달린 자마다 저주 아래 있는 자라 하였음이라

▶ **빌 2:8-11절**  사람의 모양으로 나타나셨으매 자기를 낮추시고 죽기까지 복종하셨으니 곧 십자가에 죽으심이라 / 9) 이러므로 하나님이 그를 지극히 높여 모든 이름 위에 뛰어난 이름을 주사 / 10) 하늘에 있는 자들과 땅에 있는 자들과 땅 아래 있는 자들로 모든 무릎을 예수의 이름에 꿇게 하시고 / 11) 모든 입으로 예수 그리스도를 주라 시인하여 하나님 아버지께 영광을 돌리게 하셨느니라

원수 마귀의 머리를 박살내시고 타락한 인류를 구원하실 분은 아담과 하와의 혈육이 아닌 "여자의 후손"으로 오실 "예수그리스도" 이시다. 주님께서 이 땅 위에 오셔서 십자가 위에서 대속의 피를 흘리심으로 죄인들의 죄를 속량하셨다. 그러므로 하나님께서 예수 그리스도를 지극히 높여 모든 만물위에 뛰어난 이름을 주시고, 모든 피조물들의 유일한 경배와 예배의 대상이 되게 하셨다. 그러므로 모든 인간의 예배의 대상은 오직 예수 그리스도이시다.

## 사도들의 교훈 (사람 & 천사는 경배의 대상이 아니다)

예수님의 수제자들이었던 사도들은 그들의 사역속에서 놀라운 기적과 이적, 능력들이 많이 나타났었음에도 불구하고, 그들 스스로 사람들에게 경배나 예배의 대상이 되지 않았다. 사도들은 경배와 예배를 받으실 분이 누구이신지를 잘 알고 있었기 때문이다. 그들은 다만 예수 그리스도의 복음(福音)을 전하는 종들일 뿐이었다. 예배는 마땅히 창조주 하나님, 구원자이신 주님께만 드려져야 할 것이기에 종들은 주인에게 돌려지는 영광을 가로챌 수 없다. 다만 주인이 영광받으시는 것을 보며 기뻐할 뿐이다(요3:29). 베드로는 자신에게 엎드려 절하는 고넬료를 일으켜 세웠다(행10:26), 바울은 자산을 신(神)이라고 하며 제사하려는 사람들을 향하여 옷을 찢으며 만류하였다(행14:14,15). 이것은 아무리 능력과 기적을 행했던 사도들이라도 예배의 대상이 될 수 없음을 명백히 보여주는 것이다. 이는 하늘의 천사들도 마찬가지이다(계19:9,10). 경배와 예배의 대상은 오직 하나님 한 분 뿐이시다.

### 성경본문

▶ **행 10:24-26절** 이튿날 가이사랴에 들어가니 고넬료가 일가와 가까운 친구들을 모아 기다리더니 / 25) 마침 베드로가 들어올 때에 **고넬료가 맞아 발 앞에 엎드리어 절하니** / 26) 베드로가 일으켜 가로되 **일어서라 나도 사람이라** 하고

▶ **행 14:11-13절** 무리가 **바울의 행한 일을 보고** 루가오니아 방언으로 소리질러 가로되 **신들이 사람의 형상으로 우리 가운데 내려오셨다** 하여 / 12) 바나바는 쓰스라 하고 바울은 그 중에 말하는 자이므로 허메라 하더라 / 13) 성 밖 쓰스 신당의 제사장이 소와 화관들을 가지고 대문 앞에 와서 무리와 함께 **제사하고자** 하니

▶ **행 14:14,15절** 두 사도 바나바와 **바울이 듣고 옷을 찢고** 무리 가운데 뛰어 들어가서 소리질러 / 15) 가로되 여러분이여 어찌하여 이러한 일을 하느냐 **우리도 너희와 같은 성정을 가진 사람이라** 너희에게 복음을 전하는 것은 **이 헛된일을 버리고** 천지와 바다와 그 가운데 만유를 지으시고 살아 계신 **하나님께로 돌아오라** 함이라

▶ **계 19:9,10절** 천사가 내게 말하기를 기록하라 어린 양의 혼인 잔치에 청함을 입은 자들이 복이 있도다 하고 또 내게 말하되 이것은 하나님의 참되신 말씀이라 하기로 / 10) 내가 그 발 앞에 엎드려 경배하려 하니 그가 나더러 말하기를 **나는 너와 및 예수의 증거를 받은 네 형제들과 같이 된 종이니 삼가 그리하지 말고 오직 하나님께 경배하라** 예수의 증거는 대언의 영이라 하더라

## TIP. 죽음 = 인간의 속성, 죽는 자는 하나님이 될 수 없다.

이단 교주들은 자기 자신을 스스로 "메시야", "재림 주", "보혜사", "성령", 심지어 "하나님"이라고 주장한다. 그렇게 주장하며 수 많은 사람들을 미혹하다가 어느날 갑자기 지병이나 사고, 노환으로 죽어 무덤으로 들어간다. 과연 성경에 "재림 주", "하나님", "보혜사"가 죽어서 장사 지냈다는 기록이 있는가? 죽음은 하나님의 속성(屬性)이 아니다. 하나님은 알파와 오메가요, 처음과 나중되신다. 즉 죽음을 초월하신 분이며 영원히 존재하시는 분이시다. 죽음은 죄의 결과에서 온 것이며 인간의 속성(屬性)이다. 흙에서 왔으니 흙으로 돌아가는 것이다. 그런데 이단 교주들은 하나같이 자기 자신을 메시야, 재림주, 하나님이라고 신격화하다가 어느날 갑자기 죽어 무덤으로 들어간다. 참 기가막히다. 그들의 죽음이 의미하는 것은 무엇인가? 그것은 그들이 그들의 주장처럼 성령님, 재림주, 예수님, 하나님이 아니었고 단지 종교 사기꾼들이었음을 스스로 증명하는 것이다. (히9:27)

|  | 사진 | 이름 | 자칭 신격화 | 사망원인, 묘지 | 사망원인 (묘지) |
|---|---|---|---|---|---|
| 1 |  | 김성도<br>(새주파, 성주교회) | 구세주, 재림예수 | 출생 / 1882<br>사망 / 1944(61) | 일본군<br>고문휴유증 |
| 4 |  | 문선명<br>(통일교) | 구세주, 메시야, 재림주<br>참부모님, | 출생 / 1920<br>사망 / 2012(92) | 감기와폐렴(노환)<br>( 경기도 가평군 천성산) |
| 5 |  | 박태선<br>(전도관,천부교) | 이긴자,감람나무, 영모님<br>동방의 의인, 천부,<br>불의사자, 하나님 | 출생 / 1917<br>사망 / 1990 | 지병과 노환<br>( 부산 신앙촌 ) |
| 6 |  | 조희성<br>(영생교) | 하나님, 구세주, 이긴자<br>정도령, 동방의 메시야 | 출생 / 1931<br>사망 / 2004 | 옥중사망(심장마비)<br>( 김포 공원묘지 ) |
| 8 |  | 구인회<br>( 천국복음전도회) | 재림예수, 다른 보혜사 | 출생 / 1942<br>사망 / 1976 | 옥중사망(서대문)<br>(경기도 모란공원묘지) |
| 9 |  | 홍종효<br>(증거장막성전) | 두 증인,<br>재림예수 | 출생 / 0000<br>사망 / 2012 | 노환, 질병사망 |
| 10 |  | 안상홍<br>( 하나님의 교회) | 엘리야, 재림예수,<br>구세주, 하나님 | 출생 / 1918<br>사망 / 1985 | 뇌출혈<br>( 부산 석계 공원묘지) |

죽음은 인간의 죄의 대한 형벌이다(창3:19)

▶ 학습 후 질문

1. 온 우주만물에 예배의 대상은 하나님 한 분 뿐이시다, 그 이유가 무엇인가? (창1:1 ; 1: 26,27)

2. 세상의 피조물이 사람들의 예배의 대상이 있는가? 그 이유는 무엇인가?

3. 아무리 신령한 능력있는 사람이라도 예배의 대상이 될 수 있는가? (행10: 24-26; 14:11-15)

4. 천사가 예배의 대상이 될 수 있는가? 이유는 무엇인가?  (계19: 9-10 ; 22:8)

5. 죽음, 왜(Why) 사람이 죽게 (흙으로 돌아감)되었는 가?  (창3: 19)

6. 죽은 자, 즉을 자가 "하나님", "재림주", "보혜사"가  될  수  있는 가 ?

7. 우상 숭배에 대하여 하나님의 경고는  무엇인가? (출20:3-5)

8. 인간을 숭배하는 것은 십계명 중에 몇 계명을 어기는 죄인가? (출20: 4)

# 부록 (Appendix)

**부록1.** 국내 주요 교단들의 "사이비 및 이단" 결의 현황 (2016년)

**부록2.** 국내 주요 교단들의 "이단옹호 언론" 결의 현황 (2016년)

# 부록1. 국내 주요교단들의 이단 및 사이비 결의 현황(2016년)

| | 대표자 및 단체명 | 교단 | 연도/회기 | 결의 | 결의내용 |
|---|---|---|---|---|---|
| 1 | 가계저주론<br>(타키모토 준) | 고신 | 2012/62 | 참여 금지 | 불건전한 사상 |
| | | 합신 | 2001/86 | | 위험한 사상 |
| | | 통합 | 2006/91 | 사이비성<br>농후 | |
| 2 | 가계저주론(이윤호) | 합신 | 2001/86 | 위험한사상 | 경계 및 참여금지 |
| 3 | 강병국<br>(생애의 빛) | 고신 | 2009/59 | 이단성 | 예정론과구원론에 위배되는<br>사상. '원죄'교리부인 |
| 4 | 고대원(덕천교회) | 통합 | 2015/100 | | 동조 추종자는 치리 |
| 5 | 공용복 (밝은빛 종말론) | 기성 | 1988/43 | 사이비성 | 시한부종말론 |
| 6 | 관상기도 운동 | 합신 | 2011/96 | 참여금지 | 위험 |
| | | 합동 | 2011/96 | 교류삼가 | 철저배격 |
| 7 | 구원파<br>권신찬, 유병언<br>(기복교복음 침례회)<br>박옥수<br>(대한예수교 침례회)<br>이요한<br>(대한예수교 침례회) | 기성 | 1985/40 | 이단사이비 | 깨달음에 의한 구원,<br>회개 죄인문제 |
| | | 고신 | 1991/41 | 이단 | |
| | | 통합 | 1992/77 | 이단 | |
| | | 합동 | 2008/93 | 이단 | |
| | | 합신 | 2014/99 | 재확인 | |
| | | 기감 | 2014/31 | 이단 | |
| 8 | 극단적 신비주의 | 통합 | 2012/97 | 참여금지 | 직통계시, 예언,환상,넘어짐,<br>금가루, 금이빨, 입신 등 |
| 9 | 기(氣), 마음수련원 | 합신 | 2007/92 | 참여금지 | 뇌호흡,기체조, 단 등(유사중교) |
| | | 통합 | 2007/92 | 참여금지 | 마음수련단체 |
| 10 | 김계화<br>(할렐루야 기도원) | 통합 | 1993/78 | 비성경적<br>비기독교적 | |
| | | 합동 | 1996/81 | 이단성 | |
| | | 고신 | | | |

**부록1.** 국내 주요 교단들의 이단및 사이비 결의 현황 (2016년)

| | 대표자 및단체명 | 교단 | 연도/ 회기 | 결의 | 결의내용 |
|---|---|---|---|---|---|
| 11 | 김기동<br>성락교회<br>(베뢰아 아카데미)<br>기독교베뢰아교회연합 | 기침 | 1987/77 | 이단 | 신론, 기독론, 계시론,<br>창조론, 인간론, 사탄론 |
| | | 고신 | 1991/41 | 이단 | |
| | | 합동 | 1991/76 | 이단 | |
| | | 합신 | 1988/77 | 이단 | |
| | | 기성 | 1988/77 | 이단 | |
| | | 통합 | 1992/77 | 이단 | |
| | | 기감 | 2014/31 | 예의주시 | |
| 12 | 김민호 (열방교회) | 통합 | 2006/91 | 참여금지 | 비성서적 치유사역,<br>투시능력 과시,<br>위협, 귀신신앙<br>의료행위 거부 |
| 13 | 김성수 (서머나교회) | 합신 | 2015/100 | | 강론을 읽거나 추종금지 |
| 14 | 김용두<br>(인천 주님의 교회) | 대신 | 2009/44 | 참여금지 | 여러가지 신학적 문제 |
| | | 합신 | 2009/94 | 이난 | 우상화, 신격화 위험성,<br>자의적 성경해석, 신비주의적 체<br>험신봉, 영지주의저 신비사상, 비<br>성경적인 천국론과 지옥론, 성령의<br>역사를 주술적으로 변질, 직통계<br>시,김기동과 같은 귀신론 |
| 15 | 김풍일<br>(새빛 중앙교회) | 통합 | 2009/94 | 더 지켜봐야<br>함 | 이만희와 유사한 이단사상<br>회개는 지켜 보아야 함 |
| 16 | 나운몽<br>(용문산기도원) | 통합 | 1955/40 | 이단 | 장로교 신경에 맞지않음,<br>강단에 세우는 것 엄금,<br>집회 참석 금지 |
| | | | 1956/41 | | |
| | | | 1998/83 | | |
| | | 고신 | 1968/18 | 이단 | |
| 17 | 나충자(벧엘기도원) | 고신 | 1944/44 | 불건전단체 | |
| 18 | 노광공 동방교<br>(기독교대한개혁장로회) | 통합 | 1956/41 | 이단 | 강단에 세울수 없고<br>집회 참석도 금지 |
| 19 | 뉴스킨 | 고신 | 2010/60 | 주의 | |

| | 대표자 및 단체명 | 교단 | 연도/ 회기 | 결의 | 결의내용 |
|---|---|---|---|---|---|
| 20 | 다미선교회<br>(이장림, 시한부종말론) | 고신 | 1991/41 | 이단 | |
| | | 통합 | 1991/76 | 이단 | |
| | | 합신 | | | |
| 21 | 덕정사랑교회(김양환) | 합신 | 2015/100 | 이단 | |
| 22 | 뜨레스디아스<br>(T.D) | 통합 | <u>1995/ 80</u> | 목회자추천 | 긍정적, 부정적<br>측면 있음 |
| | | | 2002/87 | 담임목사의추천,<br>불건전단체에서<br>운영하는프로그<br>램 참석금지 | |
| | | 합동 | 1993/78 | 참여금지 | 천주교적 요소 농후 |
| | | | 2006/91 | 엄히경계 | |
| | | 고신 | 1992/42 | 불건전 | |
| 23 | 레노바레 운동 | 합신 | 2011/96 | 참여금지 | 위험 |
| 24 | 류광수<br>(다락방 전도운동)<br>예장전도총회 | 고려 | 1995/45 | 비성경적 | 유사기독교운동,<br>사이비기독교운동 |
| | | 고신 | 1995/45 | 관련자 적절권징 | |
| | | | 1997/47 | 불건전 운동 | |
| | | | 2013/63 | 이단유지 | 잘못을 고치겠다고 했으나<br>좀더 지켜보기로 함 |
| | | 합신 | 1996/81 | 위험한 사상 | 경계 및 참여금지 |
| | | 통합 | 1996/81 | 사이비성 | 이단적 성경을 띈 불전전한<br>운동,마귀론, 기성교회 부정<br>적비판,다락방식 영접 |
| | | 합동 | 1996/81 | 이단 | |
| | | | 2014/99 | 이단재확인 | |
| | | 기성 | 1997/52 | 사이비운동 | |
| | | 기침 | 1997/87 | 이단성 | |
| | | 기감 | 1998/23 | 이단 | |
| 25 | 우희호 마음수련원 | 통합 | 2007/92 | 참여금지 | 단순한 정신 수련이 아닌<br>초자연적 신비주의 성향 |

**부록1.** 국내 주요 교단들의 이단및 사이비 결의 현황 (2016년)

| | 대표자 및단체명 | 교단 | 연도/ 회기 | 결의 | 결의내용 |
|---|---|---|---|---|---|
| 26 | 메시야닉 | 합동 | 2016/101 | 철저히 배격 | |
| 27 | 문선명<br>통일교<br>(세계평화통일가정연합) | 통합 | 1971/56 | 사이비 종교 | 전통적인 신학사상과는<br>극단적으로 다름 |
| | | | 1975/60 | 불인정 집단 | 가입금지, 관련신문,<br>잡지에 투고 금지 |
| | | | 1976/61 | 엄하게 치리 | 교단화합 교회 사명에<br>장애를 줌, 단호히 경고 |
| | | | 1979/64 | 기독교 아님 | 기독교를 가장한<br>사이비 종교 집단임 |
| | | | 1988/73 | 불매운동 | 문선명 집단 관련제품<br>조사하여 불매운동 전개 |
| | | | 1989/74 | 조사처벌 | 통일교와 관련자 철저히<br>조사 색출하여 치리 |
| | | 대신 | 2008/93 | 이단 | |
| | | 고신 | 2009/59 | 이단 | |
| | | 기성 | | | 성경관, 교회관, 기독론, 부활론<br>등전 분야에 걸쳐 반기독교적 |
| | | 기장 | | | |
| | | 합신 | | | |
| | | 합동 | | | |
| | | 기감 | 2014/31 | 이단 | |
| 28 | 몰몬교<br>예수그리스도 후기<br>성도교회 | 합신 | 1995/80 | 이단 | 삼위일체 부인<br>예수의 신성 부인<br>대속 부인, 지옥 부인 |
| | | 고신 | 2009/59 | 이단 | |
| | | 기감 | 2014/31 | 이단 | |
| | | 통합 | 2014/99 | 이단 | |
| | | 기성 | | | |
| | | 기장 | | | |
| 29 | 박명호<br>엘리야복음선교원<br>(현, 한농복구회) | 통합 | 1991/76 | 이단/<br>안식교 계열 | 이신득의 진리 거부<br>인간이 신이 된다는 교리 |
| | | 합동 | | | |
| | | 고신 | | | |

| | 대표자 및단체명 | 교단 | 연도/ 회기 | 결의 | 결의내용 |
|---|---|---|---|---|---|
| 30 | 박무수<br>(부산제일교회) | 고신 | 1999/49 | 관계금지 | 4단계 회개 |
| | | 기성 | 1999/54 | 이단 | |
| | | 통합 | 1999/84 | 비성경적, 사이비적 | |
| 31 | 박윤식<br>대성교회<br>(현,평강제일교회) | 통합 | 1991/76 | 이단 | 기독론, 타락관,계시관,창조론 |
| | | 합동 | 1996/81 | 이단 | |
| | | | 2005/90 | 이단재확인 | |
| | | 기감 | 2014/31 | 예의주시 | |
| 32 | 박주형<br>(새벧엘교회) | 합동 | 2002/87 | 강단교류<br>금지 | 지나친 신비주의,<br>주관적 성경해석 문제 |
| 33 | 박철수<br>(새생활 영성훈련원)<br>아시아교회 | 합동 | 2000/85 | 교류금지 | 비성경적인 영성사상 |
| | | 합신 | 2001/86 | 참석금지 | 성령상담,영서,인간론,<br>구원론, 성경해석, 귀신론에<br>위험한 사상 |
| | | 통합 | 2002/87 | 연장연구 | |
| | | | 2010/95 | 참여금지 | 잘못된 인간론과 영 인식<br>비성경적인 운동 |
| | | | 2013/98 | 예의주시 | |
| 34 | 박태선<br>전도관(현, 천부교) | 통합 | 1956/41 | 이단 | 비성경적(본 장로교 교리와<br>신조에 위반됨) |
| 35 | 밤빌리아 추수꾼<br>이선아 | 통합 | 1990/75 | 이단 | |
| | | 기성 | 42회 | 이단 | |
| | | 고신 | | | |
| 36 | 방춘희<br>김포큰은혜기도원 | 통합 | 2010/95 | 주의 | 집회초청 신중<br>눈 안수 삼가<br>영적 어머니 표현 자제 |
| 37 | 백남주(신비주의) | 통합 | 1933/22 | 이단 | 각 노회에 통첩하여 주의시킴 |
| 38 | 베리칲과 666 | 합동 | 2013/98 | 비성경적 | 베리칲과666은 관계없음 |
| | | 합신 | 2014/99 | | 금지해야 할 사상 |

**부록1.** 국내 주요 교단들의 이단및 사이비 결의 현황 (2016년)

| | 대표자 및단체명 | 교단 | 연도/ 회기 | 결의 | 결의내용 |
|---|---|---|---|---|---|
| 39 | 변승우<br>큰 믿음교회 | 고신 | 2008/58 | 불건전,주의 | 불건전 |
| | | | 2009/59 | 극히위험 | 구원관, 계시관,신사적운동<br>다림줄, 신학 및 교리 경시,<br>한국교회를 폄하하는 발언 |
| | | 기성 | 2011/66 | 집회 참여,<br>교류 금지 | 성서 해석의 오류, 비성서적 |
| | | 통합 | 2009/94 | 비성경적 이단 | 구원론,입신,예언,방언등<br>극단적인 신비주의 신앙형태등 |
| | | 합동 | 2009/94 | 집회참석금지 | 알미니안주의 혹은<br>신율법주의 |
| | | 백석 | 2009/94 | 제명처리,<br>출교, 주의,경계<br>집회 참여금지 | 계시관, 성경관, 구원관, 교회관 |
| | | 합신 | 2009/94 | 이단성이있어<br>참여 금지 | 구원론, 직통계시, 기성교회비판 |
| | | 예성 | 2012/91 | 이단 | 구원관 변질, 개인체험에 의한<br>성경해석, 급진적 신비주의 |
| | | 기감 | 2014/31 | 예의주시 | |
| 40 | 빈야드<br>죤윔버,토론토불레싱 | 통합 | 1995/81 | 도입금지 | 성령론, 특이현상의 비성경적,<br>무질서한 예배 |
| | | 고신 | 1996/46 | 참여 금지 | 빈야드 운동, 피터 와그너 목사<br>가주도하는 신사도적 운동 불<br>건전<br>운동으로 규정 |
| | | | 2007/57 | 참여 금지 | |
| | | | 2011/61 | | 불건전한 운동 재확인 |
| | | 합신 | 1996/81 | 위험한 사상 | 경계 및 참여금지 |
| | | 합동 | 1997/82 | 참여자,<br>동조자 징계 | 성령론,특이현상의 비성경성<br>무질서한 예배 |
| | | 기성 | 1998/53 | 사이비성 | |
| 41 | 새일파(새일중앙교회) | 고신 | 1998/48 | | 그릇된성경해석, 종말론 |
| | | 합동 | | | |
| | | 기성 | | | |

| | 대표자 및단체명 | 교단 | 연도/ 회기 | 결의 | 결의내용 |
|---|---|---|---|---|---|
| 42 | 서달석 강서중앙교회(현,서울 중앙침례교회) | 통합 | 1993/78 | 이단 | 구원관(구원파와 같음) 종말론, 교회의식 절기 |
| 43 | 서울평강교회 곽성률, 구장안교회 | 통합 | 2005/90 | 이단 | 사이비적 행위 |
| 44 | 소천섭 구원파 (기독교 복음침례회) | 통합 | 1974/59 | 제명,강단집 회 금지 | 본 장로회와는 신앙이 맞지않음 |
| 45 | 손기철(왕의 기도) | 합동 | 2011/96 | 교류삼가 | 집회참석 금지 |
| 46 | 스베덴 보리 (한국새교회-새예루살 렘교회) | 고신 | 2009/59 | 이단 | 삼위일체론, 신관,인간관, 천사론 창조에대한 견해, 재림론, 종말론 등 |
| 47 | 신옥주 (은혜로교회) | 합신 | 2014/99 | 이단 | |
| | | 고신 | 2015/65 | 참여금지 | |
| | | 합동 | 2016/101 | 교류엄금 | |
| | | 통합 | 2016/101 | 이단성있음 | |
| 48 | 심상용 (월드크리스천 성경학연구소) | 합동 | 2008/93 | 엄히경계 | 반기독교 사상 농후, 논리성 학문성 결여, |
| 49 | 심재웅 (예수왕권세계선교회) | 통합 | 2005/90 | 이단성, 집 회강의, 참 석 금지 | 교회론, 구원론,신격화, 밀교적 |
| | | | 2008/93 | 비성경적 | 반교회적 이단 |
| | | 합동 | 2005/90 | 참석 금지 | 사이비, 이단성 농후 |
| | | 합신 | 2006/91 | 이단성 심각 | 성령왜곡,주관적신앙체험 일반화, 기성교회 부정, 교주우상화 |
| | | 기성 | 2006/61 | 이단성 | 성경왜곡, 교주신격화 |
| | | 고신 | 2008/58 | 극단주의적 신비주의 | |
| | | 대신 | 2009/44 | 예배,집회 참석금지 | 신학적, 성경적, 행태적인 잘못된 모습을 보임 |

## 부록1. 국내 주요 교단들의 이단및 사이비 결의 현황 (2016년)

| | 대표자 및단체명 | 교단 | 연도/회기 | 결의 | 결의내용 |
|---|---|---|---|---|---|
| 50 | 아이합 IHOP, 마이클 비클 | 고신 | 2011/61 | 참석금지 | 신사도 운동과 깊은 연관 예언운동 주의 |
| | | 미주합동 | 2014/35 | 이단 | |
| 51 | 안상홍, 장길자 안상홍 증인회 하나님의 교회 세계복음선교회 | 통합 | 2002/87 | 반기독교적 이단 | 교리적탈선, 성경해석의 오류 왜곡된 구원관 |
| | | | 2011/96 | 이단재규정 | 반기독교적 |
| | | 합신 | 2003/88 | 이단 | |
| | | 합동 | 2008/93 | 이단 | |
| | | 고신 | 2009/59 | 이단 | |
| | | 기감 | 2014/31 | 이단 | |
| 52 | 안식교 제칠일안식교 예수재림교회 | 예장 (총회) | 1915/4 | 면직제명 | 구원론, 안식일, 계시론 |
| | | 통합 | 1995/80 | 이단 | 영혼멸절, 영원지옥 부재등 |
| | | 고신 | 2009/59 | 이단 | |
| | | 기감 | 2014/31 | 이단 | |
| | | 합동 | | | |
| | | 합신 | | | |
| | | 기성 | | | |
| 53 | 알파코스 알파코리아 | 합신 | 2009/94 | 참여금지 | |
| | | 합동 | 2008/93 | 사용주의 | |
| | | 통합 | 2009/94 | 엄격히 배제 | 과도한 신비주의적인 현상을 보인 점은 엄격히 배제 |
| | | 기성 | 2009 | | 가계치유 경계 |
| 54 | 엄명숙 (명인교회) | 통합 | 2001/86 | 이단 | 기독론,타락관, 계시관,창조론 |
| 55 | 염애경 | 통합 | 1956/41 | 이단 | 강단에 세울 수 없고, 집회 참석도 금지 |
| 56 | 예장합동혁신총회 (산하 남서울신학교) | 합동 | 2002/87 | 이단성 | 연옥교리 주장 |

| | 대표자 및단체명 | 교단 | 연도/회기 | 결의 | 결의내용 |
|---|---|---|---|---|---|
| 57 | 여호와의 증인 (왕국회관) | 기성 | 1993/ | 이단 | 구원론, 교회론, 지옥부재, 삼위일체 부인 |
| | | 고신 | 2009/59 | 이단 | |
| | | 기감 | 2014/31 | 이단 | |
| | | 합신 | | | |
| | | 통합 | | | |
| | | 기장 | | | |
| 58 | 예태해 (미국 엠마오선교 교회) | 통합 | 1999/84 | 예의주시 | |
| | | 합동 | 1994/79 | 이단성 혐의 | 쓰러짐 현상, 주관적 신비체험 등 |
| | | 기장 | 1996 / 81 | 단호대처 | |
| 59 | 오덕임 대방주 교회 | 고신 | 1991/44 | 이단 | |
| 60 | 오성삼 (한 우리교회 전 담임) | 합신 | 2009/94 | 참여 및 교류금지 | 지방교회와 같은 교리, 자의적인 성경해석 |
| 61 | 지방교회 (윗트니스 리, 워치만 니) 한국복음서원 | 고신 | 1991/41 | 이단 | 신론,기독론,인간론 교회론 |
| | | 통합 | 1991/76 | 이단 | |
| | | 합동 | | | |
| | | 합신 | | | |
| 62 | 유종복, 유자현 (현, 녹산교회, 혜성교회) | 합신 | 2007/92 | 이단성 있어 교류및 참여 금지 | 이중아담론, 시한부종말론 자의적 성경해석, 녹산교회만 구원이 있다. 주장 |
| 63 | 윤석전 (연세중앙교회) | 합신 | 2000/85 | 위험한 사상 집회 참여 및 교류 금지 | 성령론, 예지예정론, 기독론, 지나친 권위주의적 목회관 예 있어 성경의 주된 내용과 다른 주장 |
| 64 | 윤종하 | 합신 | 2010/95 | 읽거나 추종 금지 | 기독교의 원죄 부정, 그리스도의대리 속죄 부정, 완전주의의 오류 등 |

**부록1**. 국내 주요 교단들의 이단및 사이비 결의 현황 (2016년)

| | 대표자 및단체명 | 교단 | 연도/회기 | 결의 | 결의내용 |
|---|---|---|---|---|---|
| 65 | 이뢰자 여호와새일파, 새일교회 | 고신 | 1998/48 | | 말일복음(말세의 비밀)주장 그릇된 성경 해석과 종말론 |
| 66 | 이만희 신천지교회 (무료성경신학원) | 통합 | 1995/80 | 이단 | 계시론,신론,기독론, 구원론, 종말론 |
| | | 합동 | 1995/80 | 신학적비판 가치 없음 | |
| | | | 2007/92 | 이단재규정 | 교주신격화,잘못된 성경해석등 |
| | | 기성 | 1999/54 | 이단 | 계시론, 신론,기독론, 구원론,종말론 |
| | | 합신 | 2003/88 | 이단 | |
| | | 고신 | 2005/55 | 이단 | 대표자 이만희 씨가 직통계시자 보혜사라 주장 |
| | | 대신 | 2008/43 | 이단 | |
| | | 기감 | 2014/31 | 이단 | |
| 67 | 이명범 레마복음 선교회(TD) 예일교회 | 고신 | 1992/42 | 불건전 단체 | 삼위일체, 창조론, 인간관, 성경관,극단적 신비주의 |
| | | 통합 | 1992/77 | 이단/ 김기동 계열 | |
| 68 | 이선아 밤빌리아 추수꾼 | 기성 | 1987/42 | 이단 | |
| | | 통합 | 1990/75 | 이단 | 영성치료로 인간이 온전하게 된다고 주장 |
| 69 | 이송오 (말씀보존학회) | 합동 | 1998/83 | 이단 | 번역성경들을 이단이라고 주장, 비성경적 주장. |
| | | 통합 | 2002/87 | 반기독교 주장 | |
| 70 | 이승헌 (뇌호흡,기체조, 단요가, 명상) | 합신 | 2007/92 | 참여금지 | |
| | | | 2008/93 | 이단 | |
| 71 | 이영수 (에덴성회) | 통합 | 2011/96 | 이단 | 창조론,인간론,기독론, 구원론 등 |

| | 대표자 및단체명 | 교단 | 연도/ 회기 | 결의 | 결의내용 |
|---|---|---|---|---|---|
| 72 | 이유빈<br>(예수전도협회) | 합동 | 1999/84 | 참여금지 | |
| | | 기성 | 1999/54 | 경계집단 | |
| | | 합신 | 2000/85 | 참여금지 | 죄 공개 자백등 성경해석과<br>신학에 중대한 오류 |
| | | 통합 | 2001/86 | 참여금지 | 영성치료로 인간이 온전하게<br>된다고 주장 |
| | | 고신 | 2004/54 | 참여금지 | 공개죄 자백은 덕이 되지<br>않으며, 성경이 의무화하지<br>않는 것을 극단적으로<br>강조함으로 참여 금지 |
| 73 | 이인강<br>(현,이엘리야)<br>아멘, 충성교회 | 통합 | 2012/97 | 참여금지 | 직통계시관, 성경관 |
| | | | 2013/98 | 예의주시 | 해명과 반성에 진정성을<br>지켜볼 시간이 필요 |
| | | 합신 | 2015/100 | 이단 | |
| 74 | 이장림<br>다미선교회 | 고신 | 1991/41 | 이단 | 구원론,계시론,교회론,종말론 |
| | | 통합 | 1991/76 | 이단 | |
| 75 | 이재록<br>(만민중앙교회) | 예성 | 1990/69 | 이단 | |
| | | 통합 | 1999/84 | 이단 | 신론,구원론,인간론,성령론<br>교회론,종말(내세론) |
| | | 합신 | 2000/85 | 이단 | |
| | | 고신 | 2009/59 | 이단 | |
| | | 기감 | 2014/31 | 예의주시 | |
| 76 | 이초석<br>한국예루살렘교회<br>(현,예수중심교회) | 고신 | 1991/41 | 이단 | 본인의 신격화,<br>극단적 신비주의 추종 |
| | | | 2009/59 | 이단 | |
| | | 통합 | 1991/76 | 이단 | 성서론,신론,창조론,인간론,<br>기독론, 구원론,귀신론 |
| | | 기성 | 1994/49 | 이단 | |
| | | 합동 | | | |
| | | 합신 | | | |

**부록1.** 국내 주요 교단들의 이단및 사이비 결의 현황 (2016년)

| | 대표자 및단체명 | 교단 | 연도/회기 | 결의 | 결의내용 |
|---|---|---|---|---|---|
| 77 | 이태화(이갈렙) | 고신 | 1991/41 | 이단 | |
| 78 | 이현래<br>(대구교회) | 한기총 | 2005 | 이단 | 윗트니스 리의 아류로<br>신일합일주의 사상 |
| | | 고신 | 2009/59 | 이단 | |
| 79 | 이호빈 신비주의 | 통합 | 1933/22 | 이단 | 각 노회에 통첩하여 주의 |
| 80 | 장길선 / 하비람<br>(하나님의 비밀을<br>간직한 사람들) | 통합 | 2008/93 | 참석, 교류<br>후원금지 | 비기독교적, 비성서적 |
| 81 | 장재형(장다윗)<br>한국〈크리스천 투데이〉<br>설립자. | 통합 | 2009/94 | 예의주시 | 통일교인물, 재림주 의혹 예의주시 |
| | | 합신 | 2009/94 | 참여및 교류금지 | 통일교 전력문제,<br>재림주 의혹 사건,<br>상경의 자의적 비유풀이 등 |
| | | | 2013/98 | 이단요소 | 장재형씨에게 진정성이<br>없다고 판단, 교류금지 |
| | | 고신 | 2012/62 | 이단의혹 | 연관 기업을 포함, 교류금지 |
| 82 | 전능하신 하나님교회<br>양상빈 (돈반번개) | 고신 | 2013/63 | 이단 | 삼위일체,기독론,구원관 |
| | | 통합 | 2013/98 | 중국 이단<br>사이비 | 양상빈 재림주, 삼위일체 부정 |
| | | 기감 | 2014/31 | 이단 | |
| 83 | 전태식<br>(순복음 진주 초대교회) | 합동 | 2005/90 | 참석 금지 | 구원관, 예배관 |
| | | 고신 | 2006/56 | 참여금지 | |
| 84 | 정명석(JMS)<br>국제클스찬연합<br>기독교복음선교회 | 고신 | 1991/41 | 이단규정 | 윗트니스 리의 아류로<br>신일합일주의 사상 |
| | | 통합 | 2002/87 | 이단 | 성경해석, 교회, 삼위일체,<br>부활, 그리스도의 재림 |
| | | 합동 | 2008/93 | 이단 | 성경관, 부활,재림관,<br>구원관 등 전 분야에서 반기독교적 |
| | | 기감 | | | |
| | | 합신 | | | |
| | | 기성 | | | |

| | 대표자 및단체명 | 교단 | 연도/ 회기 | 결의 | 결의내용 |
|---|---|---|---|---|---|
| 85 | 정원(헤븐교회) | 합신 | 2015/100 | | 참여금지 |
| 86 | 조명호 (광음교회) | 통합 | 2011/96 | 이단성 | 비기독교, 비성서 |
| 87 | 조현주 (성경 100독 사관학교) | 합신 | 2008/93 | 이단 | 신천지교리 강의 |
| 88 | 조희성 (영생교) | 고신 | 1992/42 | 박태선 분파 /이단 | 일고의 가치도 없음 |
| | | 합신 | | | |
| 89 | 주종철 (서울주안교회) | 고신 | 2006/56 | 이단성 | |
| | | 통합 | 2012/97 | 이단성 농후 | 그리스도론, 신론,삼위일체 성령론,종말론 등 |
| 90 | 최바울 (인터콥) | 고신 | 2013/63 | 참여 자제 | |
| | | | 2015/65 | 참여금지 | |
| | | | 2016/66 | 예의주시 | |
| | | 통합 | 2011/96 | 예의 주시 참여 자제 | 교리적으로 비타당,위험 |
| | | | 2013/98 | 예의 주시, 참여 자제 | 해명과 반성의 진정성을 지켜볼 시간이 필요 |
| | | 합동 | 2013/98 | 교류 단절 | 프리메이슨의 음모론수용, 극단적 세대주의적 종말론, 이원론적 이분법 |
| | | 합신 | 2013/98 | 이단성 | 이원론적 사상,비성경적 백투예루살렘과 복음의 서진운동 왜곡된 종말론과 적그리스도론 |
| | | 기침 | 2016 | 예의주시 | |
| 91 | 최온유 일산 화정복된교회 작은교회 연합봉사단 | 고신 | 2004/54 | 참여금지 | |
| | | 합신 | 2005/90 | 이단성 | 신학적 오류, 교류및 참여금지 |
| | | | 2014/99 | 이단성유지 | |
| | | 합동 | 2007/92 | 참여금지 | 최온유 목사 신격화, 우상화,직통계시적 주장, 지나치게 세속적인 헌금관 등 |

**부록1.** 국내 주요 교단들의 이단및 사이비 결의 현황 (2016년)

| | 대표자 및단체명 | 교단 | 연도/ 회기 | 결의 | 결의내용 |
|---|---|---|---|---|---|
| 92 | 타작기 이형조(세계제자훈련) | 통합 | 2014/99 | 집회참석금지 | |
| 93 | 피터 와그너 (신사도 개혁운동) | 고신 | 2007/57 | 참여금지 | 신사도 개혁운동 |
| | | | 2011/61 | 불건전한 사상 | 불건전운동 재확인 |
| | | 합신 | 2009/94 | 이단성 | 불건전운동 재확인 |
| | | 합동 | 2015/100 | 엄히경계 | |
| | | 기장 | 2014/99 | 교류금지 | |
| 94 | 한준명 신비주의 | 통합 | 1933/22 | 이단 | 각 노회에 통첩하여 주의시킴 |
| 95 | 황판금 (대복기도원) | 통합 | 1993/78 | 사이비집단 | 기복적 무속적 형태의 방언, 영서,예언 직통계시 |
| 96 | 홍혜선 | 합동 | 2016/101 | 교류엄금 | |
| 97 | G12 | 합동 | 2008/93 | 이단성 | |

# 부록2. 국내 주요교단들의 "이단옹호언론" 결의현황 (2016)

| | 이단옹호 언론 | 교단 | 연도/ 회기 | 결의 | 결의내용 |
|---|---|---|---|---|---|
| 1 | 교회연합신문(강춘호) | 통합 | 1995/80 | | 이단옹호 언론 |
| | | | 2001/86 | | 이단옹호 언론 해제 |
| | | | 2009/94 | | 상습적 이단옹호 언론 |
| | | 합신 | 2010/95 | | 이단옹호 언론 |
| 2 | 기독교신문<br>( 김종량, 최규창) | 통합 | 2013/98 | | 상습적 이단옹호 언론 |
| 3 | 기독교 초교파 신문<br>(올댓뉴스,천지일보) | 통합 | 2009/94 | | 이단옹호 언론 |
| | | 합신 | 2010/95 | | 이단옹호 언론 |
| 4 | 로앤처치(법과 교회)<br>황규학 | 통합 | 2013/98 | | 상습적 이단 옹호신문<br>친이단적 행위 |
| | | 합동 | 2016/101 | | 이단옹호,구독,후원금지 |
| 5 | 복음신문 | 통합 | 2012/97 | | 이단옹호 언론 |
| 6 | 세계복음화신문 | 통합 | 2009/94 | | 이단옹호 언론 |
| | | 합신 | 2010/95 | | 이단옹호 언론 |
| 7 | 주일신문 | 통합 | 1995/80 | | 이단옹호 언론 |
| 8 | 크리스천 사이언스 | 고신 | | | |
| | | 기성 | | | |
| | | 합동 | | | |
| 9 | 크리스챤 신문 | 한기총 | 2003 | | 이단옹호 언론 |
| | | 합동 | 2005/90 | | 이단옹호 언론 |
| | | 통합 | 2005/90 | | 이단옹호 언론 |
| | | 합신 | 2010/95 | | 이당옹호 언론 |
| 10 | 크리스천 투데이<br>(기독일보,베리타스<br>아폴로기아 등) | 통합 | 2009/94 | | 이단옹호 언론 |
| | | 합신 | 2010/95 | | 이단옹호 언론 |

## < 참고자료 >

**진용식**, 『안식교 왜 이단인가』, 서울 : 백승, 2012.

**허호익**, 『한국의 이단 기독교』, 서울 : 도서출판 동연, 2016.

**구인회**, 『새 하늘과 새 땅 지상천국은 재림예수 교회에서 이루어진다』, 충남 : 성광출판사, 1999.

**김풍일**, 『 Who will wake the Dawn?』 잡지책,

**박옥수,** 『죄사함 거듭남의 비밀 』, 2002년.

**세계기독교통일신령협회**, 『원리강론』, 서울 : 성화줄판사, 1995.

**안상홍,** 『하나님의 비밀과 생명수의 샘 』, 서울 : 멜기세덱 출판사,  2001.

_____ , 『내 양은 내 음성을 듣나니』, 서울 : 멜기세덱출판사,  2009.


**이만희,** 『신 탄』 , 서울 : 도서출판 신천지, 1985.

_____ , 『천지창조 』, 서울:  도서출판 신천지,  2007.

_____ , 『천국비밀계시』, 서울 : 도서출판 신천지,

_____ , 『예수 그리스도의  행전』, 서울: 도서출판 신천지,

_____ , 『계시록의 진상』,  서울 : 도서출판 신천지, 1985.

_____ , 『계시록의 진상2』,  서울 : 도서출판 신천지, 1988.

_____ , 『신천지발전사』, 서울 : 도서출판 신천지, 1997.


**정명석,** 『고급편』, 서울 : 국제크리스챤연합,

_____ , 『초급편』,  서울 : 국제크리스챤연합,

_____ , 『비유론』,   서울 : 국제크리스챤연합, 1988.

_____ , 『역사편』,   서울 :  국제크리스챤연합,

**워치타워 성서책자협회,** 『성서는 실제로 무엇을 가르치는 가』, 서울 : 워치타워 성서책자 협회, 2005.

_____, 『성경을 사용하여 추리함』, 서울 : 워치타워 성서책자 협회, 2002.

_____, 『우리는 지상 낙원에서 영원히 살 수 있다』, 서울 : 워치타워 성서책자 협회,

〈 국내 주요 교단의 사이비 및 이단 결의 현황, 참고자료 〉

현대종교, 『주요교단 결의내용』 서울; 월간현대종교, 2013, 11월호 p 54-61

"대한예수교장로회(합신) 총회에서 결의한 이단, 사이비 단체", 『이단사이비자료집』,

합신이단사이비대책상담소, 2008.

"주요교단 이단대책위원회 총회 결의 목록", 『바른신앙을 위한 이단 사이비예방백서』, 2014.

"부록(Appendix)", 『Do you know? 우리가 알아야 할 이단』, 2016.

〈 한국군종목사단, 한국기독교군선교연합회 〉

"주요정통교단들의 이단규정 명단(2016.10월1일 현재)", 평신도이단대책위원회(평이협)

무엇이든 물어보세요/ https://cafe.naver.com/anyquestion/58848

## 〈 이단 연구와 상담에 유익한 사이트 참고 〉

1) 한국기독교 이단 상담소 협회
   http://www.jesus114.net

2) 기독교포털뉴스
   http://www.kportalnews.co.kr

3) 현대종교
   http://www.hdjongkyo.co.kr

4) 교회와 신앙
   http://www.amennews.com

5) 종교와 진리
   http://www.churchheresy.com

6) 무엇이든지 물어보세요
   https://cafe.naver.com/anyquestion

7) 바로알자 사이비 신천지
   https://cafe.naver.com/soscj/56760

초교파 이단 예방과 상담교재

Fact와 Bible 중심의

# 이단세미나

발행일 | 초판1쇄 2020년 1월 10일

지은이 | 오대환
등록번호 | 제351-2019-000006호
등록된 곳 | 인천광역시 미추홀구 경인남길 92
발행처 | 에스더선교회
총판처 | 에스더선교회
출판부 | 032.873.8291 / 010.8896.8291

---

* 책 값은 뒤표지에 있습니다.

ISBN 979-11-966763-3-9

---

* 독자의 문의를 기다립니다.

paul_21c @ naver.com

에스더선교회출판사는 "깨어있는 한 사람 한 사람이 나라와 민족을 살린다"는 기치 아래 설립되었다. 한국 교회 안에 많은 이단들이 발흥하여, 기독교의 진리인 성경 말씀을 훼손하고 변질시켜 많은 영혼들을 파멸의 길로 끌고 가는 바, 금번 에스더선교회의 『초교파 이단 예방과 상담, Fact와 Bible 중심의 이단세미나』 출판을 통하여, 이단들의 비성경적인 교리들을 만천하에 드러내고, 성경으로 반증함으로서, 기독교의 진리를 수호하고 한국 교회 성도들을 이단들로부터 보호하기 위함이다.